ソーシャルワーク としての 子育て支援 コーディネート

子育てコンシェルジュ®のための
実践モデル開発

芝野松次郎　小野セレスタ摩耶　平田祐子

関西学院大学出版会

目　次

はじめに …………………………………………………………………… 1
 1　本書の背景 ………………………………………………………… 1
 2　本書の目的とソーシャルワークとしての
   子育て支援コーディネート ……………………………………… 2
 3　ソーシャルワーク実践モデル開発の重要性 ………………… 4
 4　本書の特色 ………………………………………………………… 5
 5　本書の構成 ………………………………………………………… 6

第1章　子育て支援コーディネートとは ……………………………… 9
 1　子育て支援の背景：少子化対策から子ども・子育て支援へ ……… 9
 2　子育て支援総合コーディネート事業から
   子ども・子育て新システムにおける子育て支援コーディネートへ … 21

第2章　ソーシャルワークとしての子育て支援コーディネート ………… 39
 1　ソーシャルワークのエッセンス ………………………………… 39
 2　ソーシャルワーカーの役割の変遷 ……………………………… 43
 3　PEIM（ピーム）としてのソーシャルワーク ………………… 47
 4　ソーシャルワークとしての
   子育て支援コーディネート骨子（フロー） …………………… 51

第3章　実践モデルの開発的研究 ……………………………………… 55
 1　実践モデルとは …………………………………………………… 55
 2　実践マニュアルとICTの活用 …………………………………… 59
 3　実践モデル・マニュアルの開発手続きとしての
   M-D&Dとそのプロセス ………………………………………… 62
 4　子育てコンシェルジュ（子育て支援コーディネーター）
   実践モデル開発 …………………………………………………… 66

第 4 章　子育て支援総合コーディネートの実態調査 ………………… 75
　1　調査の目的 ………………………………………………………… 75
　2　調査の方法 ………………………………………………………… 76
　3　調査の結果と考察 ………………………………………………… 86

第 5 章　子育て支援データベース・ナビ・システムの開発 ………… 121
　1　開発の目的 ………………………………………………………… 121
　2　開発のプロセス …………………………………………………… 122
　3　子育て支援データベース・ナビ・システムの概要 ……………… 127
　4　叩き台の評価 ……………………………………………………… 136

第 6 章　子育て支援コーディネート・ナビ・システムの開発 ………… 141
　1　開発の目的 ………………………………………………………… 141
　2　開発のプロセス …………………………………………………… 142
　3　子育て支援コーディネート・ナビ・システムの概要 …………… 151

まとめに換えて：ソーシャルワークとしての子育て支援
　　コーディネート実践モデルの課題と展望 ………………………… 169
　1　まとめと課題 ……………………………………………………… 169
　2　展望 ………………………………………………………………… 172

文献 ……………………………………………………………………… 175
資料 ……………………………………………………………………… 181
索引 ……………………………………………………………………… 227

はじめに

1 本書の背景

　人口統計上の指標の一つとして「合計特殊出生率」がある。平たく言うと、一人の女性が生涯のうちに産む子どもの数の平均のことである。この合計特殊出生率がある水準になると、人口が増えも、減りもしなくなる。これを人口置換水準と言う。国立人口問題・社会保障研究所によると、2010（平成22）年日本の人口置換水準は2.07であった。この数字を下回ると日本の人口は減ると考えられている。人口統計上、日本の合計特殊出生率が人口置換水準を下回ったのは昭和50年代だと考えられ、少子化はこの頃から始まっていたとされる。世間を騒がせた「1.57ショック」は1989（平成元）年のことであり、人口置換水準は1966（昭和41）年の丙午の年を下回る1.57となり、少子化が社会問題として脚光を浴びることとなった。

　日本が向かいつつあった超少子社会においてより鮮明となる「仕事と子育ての調和（ワーク・ライフ・バランス）」の問題は、1994（平成6）年のエンゼルプラン（「今後の子育て支援のための施策の基本的方向について」）の目玉であった保育対策（「緊急保育対策等5か年事業」）のみでは解決できなかった。エンゼルプランは、労働力を確保し、少子化を食い止めるという目

的を果たせなかったのである。2004（平成16）年から市町村や事業主に課せられた次世代育成支援行動計画の策定と実施・推進では、多様な保育ニーズに応える多様な保育および在宅子育て家庭への支援を含む「地域子育て支援」が重点化された。そして、さまざまな支援事業（サービス）を総合的に把握し、情報を提供するだけではなく、個々の家庭のニーズを捉え、適切なサービスを確実に利用できるようにコーディネートすることが極めて重要であると認識されるようになった。

コーディネートの重要性とそれに対する期待はすでに、2003（平成15）年に「子育て支援総合コーディネーターを考えるプロジェクト」によって作成された「「子育て支援総合コーディネート事業」に望むこと」に明確に現れている。この要望書は「第17回社会保障審議会少子化対策特別部会」で参考資料として提出された。要望書は、市町村による実施が検討されていた「子育て支援総合コーディネート事業」において「子育て支援総合コーディネーター」に求められる基本的な姿勢、子育て支援総合コーディネーターを受け入れるにあたり望まれる体制、子育て支援総合コーディネーターとしての仕事内容、そして子育て支援総合コーディネーターに関する問題点について包括的かつ詳細な要望を示したものであった。地域における子育て支援の要となる子育て支援総合コーディネーターの働きに対する期待が明確に示されたと言える。地域子育て支援拠点事業や、保育所、児童養護施設、児童館といった地域の児童福祉施設において子育て支援総合コーディネーターの活躍が大いに期待されたのである。

2　本書の目的とソーシャルワークとしての子育て支援コーディネート

本書は、この「子育て支援総合コーディネート事業」を、ソーシャルワーク実践の視座から捉え直し、子育て支援総合コーディネーター（「子育てコンシェルジュ*」）のためのソーシャルワーク実践モデルを研究開発するプロセスを詳細に示し、子育てコンシェルジュ実践モデルが地域において子ども

の成長を育み、地域が子育て家庭を支援する総合的な仕組みに貢献することを目的としている。

本書では当初モデル事業としてスタートした国庫補助による自治体の「子育て支援総合コーディネート事業」における子育て支援総合コーディネーターを「子育てコンシェルジュ」と呼ぶこととする。しかし、文脈によっては、単に「コーディネーター」、あるいは「子育て支援コーディネーター」と呼ぶこともある。2012（平成24）年8月に成立した「子ども・子育て関連3法」の中の「子ども・子育て支援法」のなかでは、子育て支援コーディネーターという表現が用いられている。また、子育てコンシェルジュの活動を「子育て支援コーディネート」と呼ぶこととする。

市町村の次世代育成支援行動計画では多数の子育て支援に関わる事業（サービス）が実施されている。しかし、多くの自治体による次世代育成支援行動計画の評価調査などの結果では、そうしたサービスの認知度はやや向上しつつあるものの利用度は依然として低い。だが一方で、利用した人びとのサービスに対する満足度は高い。自治体の次世代育成支援対策地域協議会などでは、行動計画の推進のために、提供されているサービスの情報提供を徹底し、利用を促進すべきであるとの意見が多い。情報提供および利用促進を総合的、包括的に行う子育て支援コーディネートの充実を求める声が強いのである。

こうした子育て支援コーディネートの本質は、利用者のニーズとサービスを適切に結びつけ、利用者がサービスを十分に活用できるように援助するところにあると考えられる。すなわち、子育て支援コーディネートはケースマネジメントであり、ケースマネジメントは、情報の収集と提供、資源の紹介といった単なるコーディネートとは異なる。子育て支援コーディネートを担う子育て支援コーディネーター、すなわち子育てコンシェルジュは、地域という環境のなかで生活し成長する子ども、そして地域という環境のなかで生活し子育てをする保護者といった利用者の個別ニーズを的確に把握し、地域

---

* 子育てコンシェルジュという用語に関しては、電子計算機用プログラム、携帯電話機用プログラム、電子計算機用または携帯電話器用ゲームプログラム等について、「子育てコンシェルジュ®」として商標登録している（登録第5474951号）。

という環境のなかで提供されているさまざまなサービス資源を選択し、確実に利用してもらえるように援助するのである。子育てコンシェルジュのこうした働きは人と環境との接点におけるケースマネジメントであり、最もソーシャルワークらしい機能であると言うことができる。本書は、この機能を「ソーシャルワーク実践モデル」として研究開発し、その有用性を評価することによって、ソーシャルワークが次世代育成支援や新たな子ども・子育て支援の推進に貢献できること、そして、子どもの育ちを支援し親の育ちとその生活の質を高めることに貢献できることを示そうとするものである。

3 ソーシャルワーク実践モデル開発の重要性

社会福祉士および精神保健福祉士が法制度化され、認定された養成機関における教育課程を経たソーシャルワーカーがさまざまな専門施設・機関等に配置されるようになったが、2003（平成15）年に日本学術会議第18期社会福祉・社会保障研究連絡委員会が公にした『ソーシャルワークが展開できる社会システムづくりへの提案』が示すように、ソーシャルワークを必要とする社会状況に対応できるような制度整備が不十分なため、今日もなおソーシャルワーカーが十分に能力を発揮できる社会とはなっていない。そうした状況のなかで、2012（平成24）年4月5日の厚生労働省雇用均等・児童家庭局長によって『家庭支援専門相談員、里親支援専門相談員、心理療法担当職員、個別対応職員、職業指導員及び医療的ケアを担当する職員の配置について』という通知が出された。その中で、2009（平成11）年度より乳児院に配置が可能となり、2004（平成16）年より児童養護施設、情緒障害児短期治療施設、児童自立支援施設に配置が拡大された「家庭支援専門相談員（ファミリーソーシャルワーカー）」と2012（平成24）年度より配置可能となった「里親支援専門相談員（里親支援ソーシャルワーカー）」の効果的な運用を求めている。両専門相談員設置の趣旨および相談員の業務内容に示されているように、ともにソーシャルワーカーであることが明確に示された。そして、社会福祉士あるいは精神保健福祉士の任用が望ましいとされたのであ

る。ことに里親支援専門相談員は「里親制度への理解及びソーシャルワークの視点を有するものでなければならない。」としている。

　こうした状況を踏まえると、ソーシャルワークの視点を持って専門性を発揮するために必要な具体的知識と技術を明確にする必要がある。すなわち、具体的な専門的知識と専門的技術のまとまりとしてのソーシャルワーク「実践モデル」が、ソーシャルワークを展開するさまざまな現場において必要となるのである。しかし、学術的研究や現場との協働の成果として、こうしたソーシャルワーク実践モデルが十分に開発されているとは言えない。そして、社会福祉系大学等の社会福祉士あるいは精神保健福祉士の養成課程において、専門的知識と技術のまとまりとしての実践モデルが十分に提供できないために、現場の要求に応えられる力量を備えたソーシャルワーカーを社会の要請に応えられるほどには送り出せていないのである。ソーシャルワークでは「研究と実践の乖離」が問題とされてきたが、実践モデルの少なさがそれをよく現している（芝野 2009）。また、研究と実践の成果が教育に反映されていないのである（芝野 2012 a）。このような現状を考えるとき、地域子育て支援においてソーシャルワーク実践モデルを研究開発することは、ソーシャルワークにおける研究と実践の乖離を縮小し、研究と実践の成果を教育へ反映するという永年の問題解決にも重要な貢献をすると考えることができる。

4　本書の特色

　本書の特色は、1) 超少子高齢社会における子ども家庭福祉政策の重要なテーマである次世代育成支援推進（施策・制度）に基づく事業（サービス）や新たな子ども・子育て支援によるサービスの効果的な供給にとって不可欠であると考えられる子育て支援コーディネートをソーシャルワークの視座から分析し、効果的な子育てコンシェルジュ実践モデルとして研究開発する詳細なプロセスを示していること、2) 実践モデルの研究開発を M-D&D（修正デザイン・アンド・ディベロップメント）の研究開発プロセスに従って計

画的に行い、普及可能な実践モデルの開発を研究成果とすることによって、研究と実践を橋渡しし、研究と実践の成果を教育に反映する可能性を示していること、3) 実践モデルをより具体化した実践マニュアルを ICT（Information and Communication Technology）を活用し、iPad あるいは iPad mini で活用できるナビゲーション・システムとして開発し、その概要を示していること、である。3) のナビゲーション・システムとしては、子育てコンシェルジュが子育て支援のための社会資源を効率的、効果的に検索し、利用者である保護者（親）に情報を適切に提供できる「子育て支援データベース・ナビ・システム」、そして子育てコンシェルジュが個別の利用者の相談に応じ、継続的に支援し、リアルタイムで記録をデータベース化できる「子育て支援コーディネート・ナビ・システム」という他に類を見ないシステムを開発した。

また、本書の特色は、次世代育成支援や新たな子ども・子育て支援の推進に貢献するだけではなく、ソーシャルワークの有効性に関する説明責任と EBP（エビデンスに基づく実践）の実現に貢献する可能性を秘めていることであると考えている。

5　本書の構成

本書は6章から構成されている。第1章「子育て支援コーディネートとは」では、「子育て支援コーディネート」の背景を少子化対策から子ども・子育て支援への政策の変遷として捉えた上で、「子育て支援総合コーディネート事業」の内容の変化を吟味し、子ども・子育て新システムにおける子育て支援コーディネートについても検討している。そして、そうした吟味、検討を踏まえ、本書で提唱する「子育てコンシェルジュ」のための実践モデルを開発するとしている。

第2章「ソーシャルワークとしての子育て支援コーディネート」では、ソーシャルワークの定義に換えてそのエッセンスを示すとともに、ソーシャルワーカーの役割の変遷と課題、人と環境の接点（インターフェース）におけるマネジメント（PEIM：ピーム）としてのケースマネジメントの重要性に

触れている。また、ソーシャルワークとしての子育て支援コーディネートの骨子を紹介している。

　第3章「実践モデルの開発的研究」では、さまざまな理論や実践からソーシャルワーク実践理論が演繹、帰納され、ソーシャルワーク実践理論システムが創られる仕組みと、そうした実践理論システムから演繹、援用され、実践から帰納される実践モデルとはどのようなものであるか、そしてそれが実践モデルシステムを構成していることを説明している。また、実践モデルを開発する手順としてのM-D&D（修正デザイン・アンド・ディベロップメント）について説明した上で、子育て支援コーディネート実践モデルの開発の概要を示している。

　第4章「子育て支援総合コーディネートの実態調査」では、子育て支援コーディネート実践モデルを開発するに当たって、自治体における「子育て支援総合コーディネート事業」の実施状況を探るとともに、データの記述統計解析と多変量解析から実践モデルの内容に資する分析結果を得ている。本章のデータ解析結果は、ソーシャルワークとしての子育て支援コーディネートを実現するために必要な人材と実践のための環境についての示唆を多く含んでいるので参考にしていただきたい。

　第5章と第6章は、子育て支援コーディネートを担う子育てコンシェルジュをガイドする実践マニュアルの開発プロセスと、ICTを活用してiPadやiPad miniなどで利用できる「子育て支援データベース・ナビ・システム」と「子育て支援コーディネート・ナビ・システム」の詳細が示されている。第5章「子育て支援データベース・ナビ・システムの開発」では、子育て支援データベース・ナビ・システム開発の目的を述べるとともに、開発の詳細なプロセス、西宮市の協力を得て実施したデータベース・ナビ・システム叩き台の試行と改良、そして、開発されたシステムの具体的な内容をスクリーンショットなどを用いて示している。

　第6章「子育て支援コーディネート・ナビ・システムの開発」では、子育て支援コーディネート・ナビ・システム開発の目的を述べ、開発の具体的なプロセスを示している。開発されたシステムの内容を、スクリーンショットなどを用いて詳述し、子育てコンシェルジュが本システムを用いて、保護者

と子どもの家庭をどのように継続的に援助していくかが示されている。

　最後に、本書のまとめとして、ソーシャルワークとしての子育て支援コーディネート実践モデルの開発とその成果についての課題と今後の展望を示している。

第1章
子育て支援コーディネートとは[※]

1　子育て支援の背景：少子化対策から子ども・子育て支援へ

1）少子化対策と次世代育成支援対策推進法

(1) 少子化の進行と原因

　日本において少子化が社会的な問題と捉えられはじめたのは1989（平成元）年の「1.57」ショックからであり、これ以降エンゼルプランをはじめ多くの対策がとられてきた。少子化の始まりは、合計特殊出生率（一人の女性が平均して生涯に産む子どもの数）が人口置換水準（人口減少が始まるとされる2.08）を下回った1974（昭和49）年（合計特殊出生率2.05）からであ

※本章1は、小野セレスタ摩耶（2011）『次世代育成支援行動計画の総合的評価－住民参加を重視した新しい評価手法の試み－』（関西学院大学出版会）の第1章第1節の一部を大幅に加筆・修正したものである。
本章2は、平田祐子（2012）「子育て支援総合コーディネート事業の変遷－子ども家庭福祉分野のケースマネジメントとしての必要性－」『Human Welfare』（4）、55-68．および、平田祐子（2013）『ケースマネジメントとしての子育て支援総合コーディネートの推進要因と課題の検証』（関西学院大学審査博士学位申請論文）の一部を大幅に加筆・修正したものである。

る（厚生省 1980；芝野 2002）。また、少子化問題は、子ども特有の問題というよりも高齢社会との関連で述べられてきた（山縣 2002；小野 2003）。

　近年の合計特殊出生率を見ると 1989（平成元）年の 1.57 以降、低下を続け 2003（平成 15）年には 1.29、2005（平成 17）年には 1.26 であり、将来人口推計（2002（平成 14）年版）から見ると、中位推計と低位推計の間を推移している（度山 2006；厚生統計協会 2007）。これは、ドイツやイタリアの水準を下回る国際的にももっとも低い水準となっており、さらに 2006（平成 18）年の出生数は、現在の形式で調査を開始した 1899（明治 32）年以降初めて死亡数を下回った（度山 2006）。人口減少社会が到来したのである。

　少子化の原因としては大きく 2 つが述べられている。それは、晩婚化による未婚率の上昇と夫婦出生力の低下である（小野 2003；厚生労働省雇用均等・児童家庭局 2003 a）。

　また少子化の与える影響も大きく 2 つあるとされている。1 つは経済的影響、もう 1 つは社会面での影響である。少し詳しく述べると、経済的影響では 1）労働力人口の減少と経済成長への影響、2）国民の生活水準への影響（社会保障における現役世代の負担増大）であり、社会面での影響では 1）家族の変容：子どものいない世帯や単身者の増加による「家族」形態の変化、2）子どもへの影響：子ども自身の健やかな成長への影響、3）地域社会の変容：住民に対する基礎的サービス提供の困難や社会資本や自然環境維持管理の困難、である（山縣 2002；厚生労働省雇用均等・児童家庭局 2003 a；小野 2003 など）。

(2) 次世代育成支援対策推進法成立までの少子化対策

　上記のことを踏まえた上で、次世代育成支援対策推進法成立までの少子化対策についてまとめる。

　少子化対策としてはじめて実施されたのは、1994（平成 6）年の「今後の子育て支援のための基本的方向について（エンゼルプラン）」である。これは当時の文部・厚生・労働・建設の 4 大臣が合意し策定されたもので、「子育て支援社会」構築の柱として、自治体での計画策定（児童育成計画）と連

動させ（ただし、地方自治体への強制力はなく策定にあたり補助金が出された）、1995（平成7）年から10年計画として行われたものである。次いで緊急保育対策等5か年事業（1995（平成7）年〜1999（平成11）年）も実施され、また最終年の1999（平成11）年には、少子化対策臨時特例交付金が2,000億円各自治体に配布され、保育所待機児童解消対策がとられた。

1999（平成11）年には当時の厚生・文部・建設・労働・大蔵・自治の6大臣合意により「重点的に推進すべき少子化対策の具体的実施計画について（新エンゼルプラン）」が策定された。この計画では、保育サービス等子育て支援サービスの充実、仕事と子育ての両立のための雇用環境の整備等8分野を取りあげ、具体的事業の目標値が設定され実施されてきた。

少子化対策の流れは表1-1にまとめている。

では、一連の少子化対策の効果はどうであったのか。表1-1のように、実際には対策がとられている間にも少子化は進行している。2004（平成16）年に総務省が「少子化対策に関する政策評価書－新エンゼルプランを対象として－」を発表しているが、「実際のところ直接的な効果（出生数の増加・合計特殊出生率の上昇）があったとはいいがたい」と述べているように、国のさまざまな対策にも関わらず当初求めていたような効果は出ていない。また、山縣（2002）も、総じて少子化対策の評価は厳しいものが多いと述べており、保育サービス等利用者の拡大、子どもの主体的な活動の増加、子育てサークルなどの地域活動の活性化など、一部に評価すべき部分もあるとしているが、全体として有効になっていないとしている。

柏女（2004；2005；2006）は、これまでの少子化対策は、結果的に保育サービス拡充に偏ることとなり、保育所を利用しない家庭も含めて、普遍化した子育て不安や子育ての孤立化などのニーズに十分に応えられておらず、保育所利用の恩恵を受けることの出来る層とそうではない層に二極化する状況が生じたとしている。また、一般的な家庭が主な対象であり、特別なニーズのある子どもへの支援も遅れる結果になったとも述べている。さらに、度山（2006）も、厚生労働省少子化対策企画室長（当時）の立場から、エンゼルプランは、「目標を設定し計画的に取り組まれてきたのは保育関係事業が中心」と述べている。

表1-1 少子化対策の流れと対策(少子化対策から子育て支援へ)

年代	少子化に関する出来事	対策
1989(平成元)年	「1.57ショック」	
1994(平成6)年		「今後の子育てのための施策の基本的方針について(エンゼルプラン)」(文部・厚生・労働・建設の4大臣による合意) 「当面の緊急保育対策等を推進するための基本的考え方(緊急保育対策等5か年事業)」(大蔵・厚生・自治の3大臣による合意)
1995(平成7)年		育児休業給付制度の施行
1997(平成9)年	「日本の将来推計人口」公表 合計特殊出生率予測 1.80 ⇒ 1.61へ下方修正	厚生省人口問題審議会報告「少子化に関する基本的考え方について-人口減少社会、未来への責任と選択-」
1998(平成10)年		「児童福祉法」一部改正 (保育所選択制の導入) 「少子化への対応を考える有識者会議」の開催(内閣総理大臣主催)と提言
1999(平成11)年		「少子化対策推進基本方針」(少子化対策推進関係閣僚会議) 「重点的に推進すべき少子化対策の具体的実施について(新エンゼルプラン)」(大蔵・文部・厚生・労働・建設・自治の6大臣による合意)
2000(平成12)年		「国民的な広がりのある取り組みの推進について(少子化への対応を推進する国民会議)」
2001(平成13)年		「仕事と子育ての両立支援策の方針について」閣議決定
2002(平成14)年	「日本の将来推計人口」公表 合計特殊出生率予測 1.61 ⇒ 1.39へ下方修正 少子化が一層進展するとの見込み	「少子化社会を考える懇談会」開催(厚生労働大臣主催) 「少子化社会を考える懇談会」中間とりまとめ(厚生労働省) 「少子化対策プラスワン」公表
2003(平成15)年		「次世代育成支援に関する当面の取組方針」策定(少子化対策推進関係閣僚会議) 「児童福祉法」の一部改正 (子育て支援事業を新たに法定化:全ての家庭の子どもが対象に) 「次世代育成支援対策推進法」成立・公布 「少子化社会対策基本法」成立・公布

2004 (平成16)年	合計特殊出生率 1.29	少子化社会対策大綱の閣議決定 「子ども・子育て応援プラン（新新エンゼルプラン）」策定
2005 (平成17)年	合計特殊出生率 1.26 統計史上最低値	次世代育成支援対策推進法における前期行動計画実施開始
2006 (平成18)年	合計特殊出生率　1.32	「新しい少子化対策について」取りまとめ
2007 (平成19)年	合計特殊出生率　1.34	「子どもと家族を応援する日本」重点戦略の策定方針について（少子化社会対策会議決定）
2008 (平成20)年	合計特殊出生率　1.37	「児童福祉法の一部改正」 「次世代育成支援対策推進法の一部改正」
2010 (平成22)年	合計特殊出生率　1.39	「子ども・子育てビジョン」閣議決定（「少子化社会対策基本法」（平成15年法律第133号）第7条の規定に基づく「大綱」として定めるもの） 次世代育成支援対策推進法における後期行動計画実施開始
2012 (平成24)年		子ども・子育て関連3法が参議院本会議可決・成立（8月10日） ・子ども・子育て支援法（平成24年法律第65号） ・就学前の子どもに関する教育、保育等の総合的な提供の推進に関する法律の一部を改正する法律（平成24年法律第66号） ・子ども・子育て支援法及び就学前の子どもに関する教育、保育等の総合的な提供の推進に関する法律の一部を改正する法律の施行に伴う関係法律の整備等に関する法律（平成24年法律第67号）

（総務省 2004；柏女 2005 および内閣府 HP（2012（平成24）年10月2日付）より筆者ら作成）

　つまり、これまでの少子化対策は、一部に評価すべき点はあるが、1）全体として保育サービスに偏ったものであり、子育て家庭全てを対象にしたとは言いがたいということ、2）少子化対策として直接的な効果をあげることはできなかったということが言える。

(3) 次世代育成支援対策推進法の成立

　上記のような流れを受け、とどまらない少子化に歯止めをかけるために次世代育成支援対策推進法が成立した。この法は、10年間の時限立法であり、これまでの少子化対策の集大成と言える。少し詳しく述べると、新エンゼル

プランの評価等を受けて、"少子化の流れを変える"ためのもう一段の対策として、「少子化社会を考える懇談会取りまとめ」や「少子化対策プラスワン」でその理念や方向性が示され（次世代育成支援対策研究会 2003）、さらに少子化対策関係閣僚会議による「次世代育成支援に関する当面の取組方針」が出された。そしてこの方針の実現のために、この法が成立したのである。また、次世代育成支援対策推進法とほぼ同時期に、少子化社会において実施される施策の基本理念を明らかにし、少子化に的確に対処するための施策を総合的に推進することを目的として、少子化社会対策基本法が成立している。

以下、次世代育成支援対策推進法（以下、次世代法という）について、厚生労働省雇用均等・児童家庭局（2003 a）および次世代育成支援システム研究会（2003）の 2 つの文献を中心にまとめることとする。

次世代法の特徴を簡単に述べるなら、「わが国における急速な少子化の進行等を踏まえ、次代の社会を担う子どもが健やかに生まれ、かつ、育成される環境の整備を図るため、次世代育成支援対策について基本理念を定めるとともに、国による行動計画策定指針並びに地方公共団体及び事業主による行動計画の策定等の次世代育成支援対策を迅速かつ重点的に推進するために必要な措置を講じる」法（次世代育成支援対策研究会 2003）である。

基本理念を、子どもを産み育てることを社会がもっと評価し、「保護者が子育ての第一義的責任を持つ」ことを基本認識とした上で、「家庭その他の場において、子育ての意義について理解が深められ、かつ子育てに伴う喜びが実感されるように配慮しなければならない」としている。

当面の取り組み方針として、新エンゼルプランの際の「仕事と子育ての両立支援」に加え、1）男性を含めた働き方の見直し、2）地域における子育て支援、3）社会保障における次世代支援、4）子どもの社会性の向上や自立の促進、の 4 つを重点的に推進することを明示している。

この法のもっとも大きな特徴は、行動計画策定指針を定め、地方公共団体、特定事業主（国や地方公共団体自身）および 301 人以上の従業員を抱える事業主に計画策定を義務付けた（300 人以下の事業所は努力義務とした）ことである（現在は、101 人以上に義務化、100 人以下は努力義務に法改正

している)。これは、国、地方公共団体、事業主という3つによって社会全体で「すべての家庭」を対象に「次世代の育成」をしようとするものであり、日本における児童分野の計画においては画期的である。さらに、「少子化社会対策基本法」の規定から、2005（平成17）年に少子化社会対策大綱が作られた。そしてこの大綱に基づいて2005（平成17）年度から2009（平成21）年度までの5か年に講ずる施策の具体的実施計画として「子ども・子育て応援プラン」（国による次世代育成支援行動計画であり新新エンゼルプラン）が策定されたのである。子育て支援サービスについては、概ね10年後を展望した「目指すべき社会の姿」を示し、さらに具体的な目標値を設定している。この目標値は、地方公共団体の行動計画とリンクしており、これによって「子ども・子育て応援プラン」は、少子化社会対策大綱の具体的実施計画であるとともに、全国の地方公共団体の行動計画の実現に向けた取り組みを国として支援するという形をとったものである（度山2006）。この国と地方公共団体との目標値のリンクという方法も初めての取り組みである。

2) 次世代育成支援対策推進法と関連の深い法律や法改正

(1) 児童福祉法の一部改正（2003（平成15）年）

2003（平成15）年の児童福祉法の一部改正は、次世代育成支援と非常に関わりが深い。もっとも関わりの深い改正点は、「地域における子育て支援事業」が児童福祉法に位置づけられたことである。これによって、「すべての家庭」に対する子育て支援が市町村の責務として明確に位置づけられることとなった（厚生労働省雇用均等・児童家庭局2003 a）。

(2) 少子化社会対策基本法（2003（平成15）年）

少子化社会対策基本法は少子化対策において欠かせないものである。この法は、2003（平成15）年次世代法とほぼ同時期に議員立法として成立している。急速な少子化の進行に対して、「少子化の進展に歯止めをかけること」を趣旨としている。施策の基本理念や国・地方公共団体・事業主・国民の責

務や具体的に実施すべき施策について規定されている。また、少子化社会対策会議を内閣府に置き、少子化対策として総合的かつ長期的な施策の大綱を定めなければならないこととしており、この規定に基づいて2004（平成16）年に「少子化社会対策大綱」が決定された（柏女2005）。

(3) 少子化社会対策大綱（2004（平成16）年）と子ども・子育て応援プラン

少子化社会対策基本法（2003（平成15）年9月施行）に基づいて、少子化の流れを変えるための施策を強力に推進する国の基本施策であり、少子化社会対策会議で策定され2004（平成16）年6月に閣議決定された。少子化の流れを変えるための3つの視点と4つの重点課題が明記されている。3つの視点とは、1）自立への希望と力（若者の自立が難しくなっている状況を変えていく）2）不安と障壁の除去（子育ての不安や負担を軽減し、職場優先の風土を変えていく）、3）子育ての新たな支え合いと連帯（生命を次代に伝えはぐくんでいくことや家庭を築くことの大切さの理解を深めていく、子育て・親育て支援社会をつくり、地域や社会全体で変えていく）であり、4つの重点課題とは、1）若者の自立とたくましい子どもの育ち、2）仕事と家庭の両立支援と働き方の見直し、3）生命の大切さ、家庭の役割等についての理解、4）子育ての新たな支え合いと連帯である（少子化社会対策会議2004）。

子ども・子育て応援プランは、少子化社会対策大綱に盛り込まれた施策の効果的な推進を図るため、「少子化社会対策大綱に基づく具体的実施計画について」（子ども・子育て応援プラン）として策定されたものであり、2005（平成17）年度から2009（平成21）年度までの5年間に講ずる具体的な施策内容と目標が掲げられた（内閣府2012）。

3) 少子化対策から子ども・子育て支援へ

(1)「子どもと家族を応援する日本」重点戦略（2007（平成19）年）

2007（平成19）年12月、少子化社会対策会議において「子どもと家族を

応援する日本」重点戦略が取りまとめられ、就労と出産・子育ての二者択一構造を解決するためには、「働き方の見直しによる仕事と生活の調和（ワーク・ライフ・バランス）の実現」とともに、その社会的基盤となる「包括的な次世代育成支援の枠組みの構築」（「親の就労と子どもの育成の両立」と「家庭における子育て」を包括的に支援する仕組み）を同時並行的に取り組んでいくことが必要不可欠である（内閣府 2012）とされた。

(2) 児童福祉法等の一部改正（2008（平成 20）年）

「子どもと家族を応援する日本」重点戦略等を踏まえ、子育て支援に関する事業の制度上の位置付けの明確化、虐待を受けた子ども等に対する家庭的環境における養護の充実、一般事業主行動計画の策定の促進など、地域や職場における次世代育成支援対策を推進するために行われた改正である。子育て支援に焦点化すると、1）乳児家庭全戸訪問事業、2）養育支援訪問事業、3）地域子育て支援拠点事業、4）一時預かり事業、の4つが子育て支援事業として児童福祉法上に位置づけられることとなった。また家庭的保育事業も同様に位置づけられることとなった（厚生労働省雇用均等・児童家庭局 2009）。

(3) 子ども・子育てビジョン（2010（平成 22）年）

「子どもが主人公（チルドレン・ファースト）」という考え方の下、これまでの「少子化対策」から「子ども・子育て支援」へと視点を移し、社会全体で子育てを支えるとともに、「生活と仕事と子育ての調和」を目指すこととされた（内閣府 2012）。また、基本的な考え方として、「社会全体で子育てを支える」、「『希望』がかなえられる」を掲げ、子ども・子育て支援施策を行っていく際の3つの大切な姿勢として、「①生命（いのち）と育ちを大切にする、②困っている声に応える、③生活（くらし）を支える」が示された。この3つの大切な姿勢を踏まえ、「目指すべき社会への政策4本柱」と「12の主要施策」に従って、具体的な取組を進めることとされている。このビジョンに基づき、2010（平成 22）年度から 2014（平成 26）年度までの5年間を目途とした数値目標が掲げられている（内閣府 2012）。

(4) 子ども・子育て新システムに向けて

　詳細に触れることは避けるが、平成 24 年版子ども・子育て白書（内閣府 2012）から引用すると、子ども・子育て新システム（以下、新システム）は、「子ども・子育て支援関連の制度・財源・給付を一元化するとともに、制度の実施主体を市町村（基礎自治体）とし、国・都道府県等が制度の実施を重層的に支える一元的な制度として」構築されるものである。また新システムは、「少子高齢化などの社会状況の変化を踏まえ、現在の社会保障制度について、「子ども・子育て支援」などを中心に未来への投資という性格を強めること等により、「全世代対応型」の社会保障制度に改革することを目指すもの」（内閣府 2012）である。2012（平成 24）年に、「子ども・子育て支援法（平成 24 年法律第 65 号）」、「就学前の子どもに関する教育、保育等の総合的な提供の推進に関する法律の一部を改正する法律（平成 24 年法律第 66 号）」、「子ども・子育て支援法及び就学前の子どもに関する教育、保育等の総合的な提供の推進に関する法律の一部を改正する法律の施行に伴う関係法律の整備等に関する法律（平成 24 年法律第 67 号）」（これらを「子ども・子育て関連 3 法」という）が成立しており、2013（平成 25）年度を目途

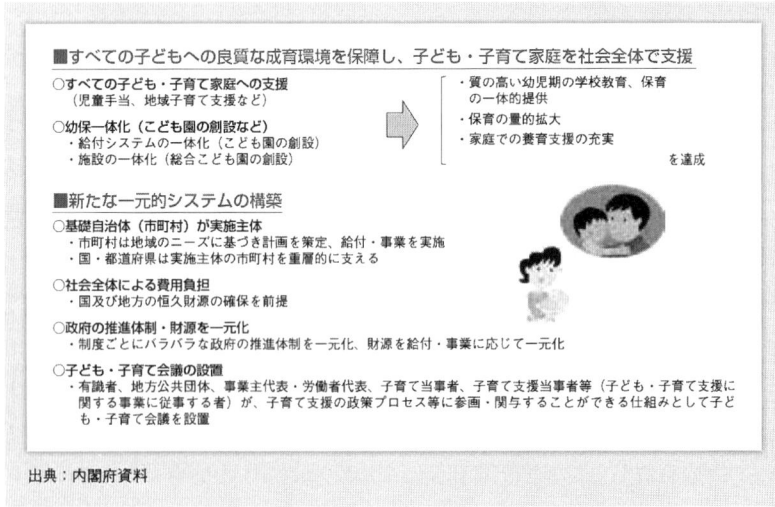

図 1-1　（平成 24 年版子ども・子育て白書 P.18 より抜粋）
※なお、図 1-1 の「総合こども園」は、現在は「認定こども園」となっている。

に、子ども・子育て会議や国の基本指針など可能なものから段階的に実施するとともに地方公共団体を始めとする関係者とも丁寧に意見交換を行い、円滑な施行に向けた準備を行う（内閣府 2012）とされている。また子ども・子育て関連法案の本格施行を 2015（平成 27）年と想定し準備が進められている（図 1–1）（内閣府・文部科学省・厚生労働省 2012）。

まとめ

　ここまで見てきたように、1989（平成元）年の 1.57 ショック以来さまざまな少子化対策が実施されてきたが、少子化対策が拡大していくと共に、保育施策や子育て支援施策等も拡充・充実してきた経緯がある。ここで合計特殊出生率に注目してみると、2005（平成 17）年に 1.26 という観測史上最低値を記録しているものの、それ以降徐々に上向きの傾向にある。これが果たしてさまざまな少子化対策の「効果」であるか否かは慎重な検証が必要なところであるが、今後の傾向に注目したい。

　話を少子化対策、保育施策、子育て支援施策に戻すと、次世代育成支援対策推進法成立（2003（平成 15）年）頃から、「少子化対策」に加えて「次世代育成」という表現が用いられ、「子どもと家族を応援する日本」重点戦略（2007（平成 19）年）では、子育て支援施策の重要性が改めて強調され、さらに「子ども・子育てビジョン」では、「少子化対策」から「子ども・子育て支援」へと視点を移すと明記されるに至った。ただし、子育て支援施策と言いながら相変わらず保育施策に傾倒していることには変わりがない。新システムにおいても大きな制度改革が行われたのは保育サービスが中心である。「地域の子ども・子育て支援」の重要性についても触れられているが、新システムに向けたさまざまな資料に目を通しても、「幼保一体化」についての記述量との差は歴然としている。さらに言えば「子ども・子育てビジョン」で「子どもが主人公（チルドレン・ファースト）」と明記されたものの、「子ども・子育て関連法」とは名前ばかりで、「幼保一体化」と「金銭給付」等がその内容の中心であり、「子どもの視点」が生かされていない。未だ

「親のニーズ」を充足することにばかりに視点が行っている。確かに親のニーズを満たすことができれば、一定の子どものニーズも満たせるのかもしれないが、子どもの心身の健やかな成長に何が必要であるのかという視点で施策を組み立てることが必要ではないだろうか。

　ここで本章のタイトルにもある「子育て支援コーディネート」についても簡単に触れておきたい。新システムへの転換の中で、「地域の子ども・子育て支援」との記載があると述べたが、子ども・子育て支援法に「地域子ども・子育て支援事業」として明記されている。それら事業は「子ども・子育て支援法」の第五九条の一に規定されており、「子ども及びその保護者が、確実に子ども・子育て給付を受け、及び地域子ども・子育て支援事業その他の子ども・子育て支援を円滑に利用できるよう、子ども及びその保護者の身近な場所において、地域の子ども・子育て支援の各般の問題につき、子ども又は子どもの保護者からの相談に応じ、必要な情報の提供および助言を行うとともに、関係機関との連絡調整その他の内閣府令で定める便宜の提供を総合的に行う事業」とある。これは、「子育て支援コーディネート」を指すものと考えられる。また、内閣府『子ども・子育て白書』（2012）では、地域子ども・子育て支援事業について明記している中で「すべての子ども・子育て家庭を対象としたこれらの事業の実施が必要であり、特に、地域子育て支援拠点事業については、地域の子育て資源に精通した「子育て支援コーディネーター」（仮称）を配置するなどにより、実施主体である市町村と当該事業者が連携し、個々の子育て家庭に身近な立場から、その事情に応じた、利用支援の役割を果たすものとする」と記載されている。改めて子育て支援コーディネートの重要性が認識されたことは明らかである。詳細については、ぜひ次節を参照いただきたい。

　先に述べたように新システムは2015（平成27）年度の本格施行を目指してはいるが、財源の問題を含めて極めて不確定な内容が多く、相当の時間をかけて決定された制度転換ではあるものの、果たしてどれくらいの実行性があるのか甚だ不透明である。子育ては「保護者がその第一義的責任を負う」ことは当たり前であり不変の理念であるが、その一方で「社会全体で子育てを支える」ことがあまりに強調されすぎているように思う。「社会全体で子

育てを支える」ことが、いつの間にか都合よく拡大解釈され、「子育ては社会がやってくれるもの」という意識に変わってしまわないだろうか。既にその可能性を垣間見る経験があり、強い不安を感じざるを得ない。今後、新システムに向けて制度転換がなされる中でどのように子ども・子育て支援が具体的な動きを見せていくのか注視が必要である。

2　子育て支援総合コーディネート事業から子ども・子育て新システムにおける子育て支援コーディネートへ

　本節では、子育て支援総合コーディネート事業から子ども・子育て新システムにおける子育て支援コーディネートへの施策の変遷について述べる。

　「子育て支援総合コーディネート事業」が創設されたのは、約10年前の2003（平成15）年である。2003（平成15）年の児童福祉法の一部改正により、地域子育て支援事業が法定化され、地域子育て支援事業やその他の子育て支援関連サービスを必要とする子どもと家庭にそれらを「つなぐ」必要性が生じた。しかし、子育て支援総合コーディネート事業はうまくいっているとはいえず、最新の平成24年版子ども・子育て白書には「現在、各市町村において様々な子育てを支援する事業が展開されているが、利用者にとっては、どこに相談したらよいのか、具体的な事業内容がどのようなものかなど、情報を把握する手段が多岐にわたり的確な情報を得られにくい状況にある。」と記されている。この文言は平成16年版少子化社会白書（少子化社会白書は平成22年版から子ども・子育て白書に改名）から継続して記述されており、約10年の間、子育て支援総合コーディネートはその目的を十分に果たせていない状態にある。

　そこで、子育て支援総合コーディネート事業から子ども・子育て新システムにおける子育て支援コーディネートへの変遷において、1）専門職、2）方法がどのように捉えられてきたのかを中心に資料を整理したい。

　なお、本書では「子育て支援コーディネート」という用語を用いているが、子ども・子育て新システムが検討され始めるまでは「子育て支援総合コ

ーディネート」という用語が主流であった。そのため、本節ではとくに必要な場合を除いて「子育て支援総合コーディネート」と表記している。

1) 子育て支援総合コーディネート事業が実施されるまで

　子育て支援総合コーディネート事業は、子育て支援サービスを必要とする子どもと家庭がサービスにたどりつけない問題を解決するために創設された事業である。だが、この機能は既に事業創設以前に他の事業の中に組み込まれていた。

　例えば、1993（平成5）年の保育所地域子育てモデル事業の機能に関する記述の中に「各種子育てに係る情報の提供、援助の調整を行う」という文言があり、事業の人的資源である保育士に子育て支援総合コーディネーターに近い役割を期待していたことがわかる（橋本2009）。

　また、1995（平成7）年から実施された地域子育て支援センター事業でも、選択的ではあるものの保育所で働く保育士に地域子育て支援の一環として子育て支援総合コーディネートの役割を期待していた（柏女他1999；山縣2002；橋本2009）。しかし、その役割が保育士の専門性を超えることもあり、地域子育て支援センター事業での積極的な子育て支援総合コーディネートの実施には至らなかった（橋本2009）。柏女他（1999）は、保育士が「コーディネーター」としての役割を担うのであれば、別途保育士資格の見直しや研修が必要であるとしている。

　このような実情を踏まえ、地域子育て支援センター事業の政策の流れをみていくと、地域子育て支援における保育所や保育士の役割は、「利用者を子育て支援サービスにつなぐ」といった子育て支援総合コーディネートよりも「地域子育て支援サービスの1つとしてその充実を図る」ことに重きを置く方向に転換していく（橋本2009）。

　この転換を機に、「利用者を子育て支援サービスにつなぐ」ことを専門とした事業（子育て支援総合コーディネート事業）が別途創設されたと考えられる。

2) 子育て支援総合コーディネート事業創設案

　子育て支援総合コーディネート事業に関するもっとも古い資料は、「厚生労働省　2002（平成14）年に実施した評価の結果　市町村少子化対策推進強化特別事業　主管課　雇用均等・児童家庭局総務課」の次年度に向けた新規事業に関する記述である。この後、さまざまな子育て支援総合コーディネート事業に関する資料等でその目的と内容が記述されているが、はじめに作成された本資料がもっとも子育て支援総合コーディネートのあり方について明確に示していた。以下、ポイントを記す。

(1) 専門職に関する記述、社会福祉士等の専門職の配置の必要性
　厚生労働省（2002）の資料では、子育て支援総合コーディネートを担う専門職を「子育て支援総合コーディネーター」と命名した。子育て支援総合コーディネーターは「社会福祉士等のケースワーク技能を有する」ものであり、社会福祉士国家資格を持つ専門職がその役割を担う必要性があると明記されている。

(2) システム・環境に関する記述、子育て支援情報の一元化
　利用者が子育て支援サービスをうまく活用できない原因の1つに、子育て支援サービスに関する情報の一元化がなされていないという問題があると指摘された。そこで、まずは「子育て資源情報の一元化及び収集した情報のデータベースを構築」することとなった。具体的には、市町村において地域の子育て支援サービスの内容が網羅された冊子の作成・配布や、子育て支援に関する情報を一元化したHPの作成等が目指された。

(3) 方法に関する記述、ケースマネジメント機能の必要性
　子育て支援総合コーディネーターは情報を一元化したデータベースを活用し、「利用者の状況やニーズに合わせて、ケースマネジメントや利用援助」

をしていく。

　情報を一元化するだけでは、利用者が必ずしも必要なサービスにたどりつけないということが認識されており、そのため、セルフ・コーディネーションが難しい利用者に、子育て支援総合コーディネーターがデータベースを利用してケースマネジメントを行うことが期待されていた。ケースマネジメントは、「複雑で重複した問題や障害をもつクライエントが、適時・適切な方法で必要とするすべてのサービスを利用できるよう保障することを試みるサービス提供の一方法」である（Rubin 1987＝1997；17）。ケースマネジメントは確実に利用者主体で必要な資源にたどりつけるように援助するための唯一の方法である（Rose and Moore 1995）。

(4) 事業創設当初に目指されていた子育て支援総合コーディネート事業実施の流れ

　(1)〜(3) について整理すると、まず、子育て支援サービスに関する情報の一元化を実施し、子育て支援総合コーディネーターが活動するための基盤（環境・システム）を作る。次に社会福祉士等のソーシャルワークに関する専門的知識を持った子育て支援総合コーディネーターがデータベース等を使用し、ケースマネジメントや利用援助（コーディネーション）を行う。

　事業案の時点では、子育て支援総合コーディネーターを介さない単なる情報提供（例えば、インターネット等による情報の提供）については子育て支援総合コーディネートの機能に含んでいない。

　情報提供だけであれば、「地域子育て支援拠点事業」など他の事業にもその機能は位置づけられている（厚生労働省雇用均等・児童家庭局総務課少子化対策企画室 2010）。そのため、子育て支援総合コーディネート事業は、ソーシャルワークとして「利用者を子育て支援サービスにつなぐ」事業として、他の子育て支援事業における「つなぐ」機能との違いを明確化していたものと考えられる。

　以上が、子育て支援総合コーディネート事業創設時の案である。次に、実際の事業実施展開を見ていく。

3）子育て支援総合コーディネートの実施（2003（平成15）年～）

　2003（平成15）年、2004（平成16）年の2年間は児童福祉法の一部改正による実施に先駆けてモデル的に子育て支援総合コーディネート事業を国庫補助事業として実施していた期間である。以下、ポイントを記す。

(1) 情報の一元化
　子育てについての情報を一元的に集約した上で提供する（内閣府 2003）。

(2) 子育て支援総合コーディネーター
　子育て支援総合コーディネート事業が実施された2003（平成15）年以降、子育て支援総合コーディネーターの配置基準、資格要件については示されなくなった（内閣府 2003）。従って、子育て支援総合コーディネーターとして、どのような専門性を持った人材を採用するかは、事業を実施する市町村の判断にゆだねられることとなった。事業案では「社会福祉士」がその役割を担う専門職として明記されていたが（厚生労働省 2002）、事業が実際に実施されるようになってからは、専門職に関してとくに言及しておらず、「社会福祉士」についても触れられていない。

(3) 子育て支援総合コーディネートの方法
　2003（平成15）年の社会保障審議会児童部会議事録によると、子育て支援総合コーディネートは情報提供が中心であり、「ケースマネジメントやコーディネーション（利用援助と記されている）もする」と記されている。
　つまり、実際に事業が実施される段階になって、ソーシャルワークとしての「つなぐ」機能があいまいになっている。

(4) 2003（平成 15）年度からの子育て支援総合コーディネート事業実施の流れ

　子育て支援総合コーディネート事業創設案の中には、情報提供の機能について明確に記されていなかったが（厚生労働省 2002）、事業が実施される段階になってからは、子育て支援総合コーディネートの中心的機能であると記されている（厚生労働省雇用均等・児童家庭局 2003 b）。また、子育て支援総合コーディネート事業の目下の目標は分断されている地域子育て支援サービスの情報を一元化することとされ、子育て支援総合コーディネート事業は事実上、「情報の一元化のための事業」として出発している。

(5) その他

　2004（平成 16）年度は、「子育て支援総合推進モデル市町村事業」が実施され、全国 49 市町村がモデル市町村となった（厚生労働省雇用均等・児童家庭局総務課少子化対策室 2004 a）。「子育て支援総合推進モデル市町村事業」の必須事業の中に、「子育て支援総合コーディネート事業」が組み込まれており（その他の必須事業は「子育て短期預かり支援事業」、「居宅子育て支援事業」、「子育て相談支援事業」）、子育て支援対策が図られることが期待された（厚生労働省雇用均等・児童家庭局総務課少子化対策室 2004 b）。

　2004（平成 16）年度雇用均等・児童家庭局予算（案）によると、2003（平成 15）年度の子育て支援総合コーディネート事業の実施個所は 250 市町村であり、次年度には 500 市町村の大幅増を目標としている。なお、2003（平成 15）年 4 月 1 日現在の市町村数は 3190 件であったことから、約 8％の市町村で子育て支援総合コーディネート事業が実施されていたことになる。

4）児童福祉法の一部改正の施行（2005（平成 17）年～）

　平成 17 年版少子化社会白書によると、子育て支援総合コーディネートの実施については、2005（平成 17）年から児童福祉法の一部改正（平成 15 年

法律第 121 号）により、市町村の責務として位置づけられることとなった（表 1-2）。以下、ポイントについて記す。

表 1-2　児童福祉法の一部改正（平成 15 年法律第 121 号）

［市町村の情報提供等］
第二一条の二九
市町村は、子育て支援事業に関し必要な情報の提供を行うとともに、保護者から求めがあつたときは、当該保護者の希望、その児童の養育に必要な支援の内容その他の事情を勘案し、当該保護者が最も適切な子育て支援事業の利用ができるよう、相談に応じ、必要な助言を行うものとする。
②　市町村は、前項の助言を受けた保護者から求めがあつた場合には、必要に応じて、子育て支援事業の利用についてあつせん又は調整を行うとともに、子育て支援事業を行う者に対し、当該保護者の利用の要請を行うものとする。
③　市町村は、第一項の情報の提供、相談及び助言並びに前項のあつせん、調整及び要請の事務を当該市町村以外の者に委託することができる。
④　子育て支援事業を行う者は、前二項の規定により行われるあつせん、調整及び要請に対し、できる限り協力しなければならない。

(1) 情報の一元化

児童福祉法の一部改正の中に情報の一元化に関する記述はないが、「子育て支援事業に関し必要な情報の提供を行う」とあるため、前提条件として情報の一元化が求められていると読みとれる。

(2) 子育て支援総合コーディネーター

児童福祉法の一部改正の中にも、他の資料の中にも子育て支援総合コーディネーターの専門性や資格に関する記述は見当たらない（各市町村の個別の採用基準に関する資料を除く）。

2008（平成 20）年 10 月 29 日に開かれた第 16 回社会保障審議会少子化対策特別部会の議事録をみると、「子育て支援総合コーディネーターの役割が必要だということは何年も前から言われているが、いまだに誰がどのように果たしていく仕組みにするかの案がない」との言及があり、児童福祉法の一部改正の施行から 5 年を経過した時点でも、子育て支援総合コーディネーターの専門性はあいまいなままとなっていたことがわかる。

（3）子育て支援総合コーディネートの方法

児童福祉法の一部改正の中では「保護者から求めがあつたときは、当該保護者の希望、その児童の養育に必要な支援の内容その他の事情を勘案し、当該保護者が最も適切な子育て支援事業の利用ができるよう、相談に応じ、必要な助言を行うものとする」、「市町村は、前項の助言を受けた保護者から求めがあつた場合には、必要に応じて、子育て支援事業の利用についてあつせん又は調整を行うとともに、子育て支援事業を行う者に対し、当該保護者の利用の要請を行うものとする。」とある。

つまり、児童福祉法の一部改正によって、市町村に子育て支援総合コーディネートとして、情報提供とコーディネーションを行うことが責務化された。しかし、もっとも重要であると考えられるケースマネジメントの必要性に関する文言は見当たらない。さらに「保護者から求めがあつたときは」とし、援助対象を限定しており、本来もっともそのサービスを必要とする層を除外している。

（4）2005（平成17）年からの事業実施の流れ

（3）でも述べたように、児童福祉法の一部改正に位置付けられた子育て支援総合コーディネートからはケースマネジメントが抜け落ちている。

事業実施の流れは、一元化された情報を利用者が自ら選んで利用するか、利用者が市町村にサービスの提供を求めた場合のみ、コーディネーションを行う流れになっている。

（5）その他

児童福祉法の一部改正が実施されてから2009（平成21）年までは、子育て支援総合コーディネートに関する資料はほとんど見当たらない。

2003（平成15）年度からの2年間、子育て支援総合コーディネート事業は国庫補助事業であった。しかし、子育て支援総合コーディネートは2005（平成17）年から児童福祉法において市町村責務として位置付けられ、それと同時に国庫補助ではなくなった。予算の使い方が市町村裁量となったため、効果のわかりやすい他の子育て支援事業に押され、子育て支援総合コー

ディネート事業の実施は伸びなかったとも推測できる。

　さらに、2008年の第16回社会保障審議会少子化特別部会の議事録では、「次世代育成支援対策推進法が策定されたときに子育て支援総合コーディネーターを配置しようという話があったが、どうなっているのか、具体的な話をするべきではないか」といった意見や、「かつては子育て支援総合コーディネート事業もありましたけれども（略）」といったような発言が記録されており、児童福祉法の一部改正の中に責務化された子育て支援総合コーディネートは形ばかりとなったと読み取れる。

5）次世代育成支援人材養成事業の創設（2009（平成21）年〜）

(1) 次世代育成支援人材養成事業おけるコーディネーター

　児童福祉法の一部改正によって、子育て支援総合コーディネートを「事業」として実施するか否かに関らず、子育て支援総合コーディネートを行うことは市町村の責務となった。最近では、2010（平成22）年に策定された「子ども・子育てビジョン」の中に「子育て家庭が適切なサービスを選択し利用できるように、市町村における子育て支援総合コーディネート機能の充実を図ります」と明記されている。しかし、子育て支援総合コーディネーターに求められる専門性があいまいなこともあり、それらの役割を担う人材が十分に確保されない状態が続いていた。そこで、別途2009（平成21）年に「次世代育成支援人材養成事業」が創設されたと考えられるが、ここで子育て支援総合コーディネーターに求められる役割が大きく転換している。

　子育て支援総合コーディネートの機能として「ケースマネジメント」という用語が唯一残っていたのは少子化社会白書の中の文言であった。しかし、平成20年版少子化社会白書と平成21年版少子化社会白書を見比べてみると「ケースマネジメント及び利用援助」という文言が削除されている。加えて、平成22年版子ども・子育て白書には別途2009（平成21）年に、親の子育てを支援する「コーディネーター等」を養成するための「次世代育成支援人材養成事業」を創設したと記してある。ここで、「子育て支援総合コーディネ

ーター」という名称も、「コーディネーター」という名称に変更される。

　次世代育成人材養成事業について、平成24年版子ども・子育て白書には、「具体的には、地域の様々な次世代育成支援の取組を把握し、親の子育てを支援するコーディネーター的役割を果たす人や、地域の子育て支援事業の担い手となる人に必要な理解や知識などを得るための研修を実施しており、2011（平成23）年には全国73か所で実施されたところである。」（内閣府2012）と記してある。しかし、ここで指す「コーディネーター」は「つなぐ」機能を果たす人材なのか、地域の子育て支援事業で直接的な援助を行う人材なのかがはっきりしない。また、全国73か所で実施されたとのことであるが、どのように実施されているのかなどの詳しい情報は見当たらない。さらに、数だけみても、子育て支援総合コーディネート事業の初年度実施が250か所であったこと（厚生労働省雇用均等・児童家庭局2004）と比較して、次世代育成人材養成事業は創設から丸3年たった現時点で73か所での実施に留まっており、いかに次世代育成人材養成事業が普及していないかがわかる。

　これらの一連の方向性から読み取れるのは、よりはっきりと子育て支援総合コーディネートからソーシャルワークの機能が省かれたということである。

　子育て支援総合コーディネート事業創設当初は、子育て支援総合コーディネーターは「コーディネーター」という用語の付く名称ではあるが、実際にはケースマネジメントの機能を含むとされていた。しかしながら、平成20年版少子化社会白書を最後に白書からは「ケースマネジメント」の用語は消え、「コーディネート」（コーディネーションを指すと考えられる）の機能を強調することになった。つまり、子育て支援総合コーディネーターは名実ともに「コーディネーター」となっていったのである。

(2) 子育て支援総合コーディネーターから子育て総合支援コーディネーターへの名称の変更

　次世代育成支援人材養成事業では、「コーディネーター」という名称も用いているが、子ども・子育てビジョンでは、「子育て総合支援コーディネー

ター」という表記に変更している（支援と総合の位置が入れ替わっている）。「子育て総合支援コーディネーター」の行うことは、先ほど述べたように「子育て支援総合コーディネート」であり、以前と同じ表記である。1か所だけ、「支援」と「総合」の位置が入れ替わっており、説明なく名称が変更されていたため、誤植であるとも受け取れた。ところが、子ども・子育て白書も見てみると、平成21年版少子化社会白書までは、「子育て支援総合コーディネート」であったが、平成22年版子ども・子育て白書は、「子育て総合支援コーディネーター」の表記に変更され、以後、平成23年版、平成24年版も「子育て総合支援コーディネーター」と記されている。

次世代育成支援人材養成事業に基づいた名称変更であると推測できるが、「総合」の位置が異なれば、意味が大きく異なる。「子育て支援総合コーディネーター」は「子育て支援」を「総合（的に）コーディネート」すると捉えられる。しかし、「子育て総合支援コーディネーター」は「子育て」を「総合（的に）支援（する）コーディネーター」と捉えられる。つまり、「利用者を子育て支援サービスにつなぐ」ことだけでなく、「子育て」を「総合的に支援」することが主になると読み取れる。言い換えると、コーディネーターの役割が「サービス（資源）につなぐ」機能から、直接ケアまで機能が広がることになる。

子育て支援総合コーディネーターの役割が拡大することは、一見、利用者のニーズにより答えることができる人材として子育て支援総合コーディネーターの活躍が広がると受け取れる。しかしながら、「つなぐ」という重要な機能が十分に果たせていない状態でその機能を拡大することは、本来求められる機能を今以上に果たせなくなる危険性を孕むだろう。

事実、子育て支援総合コーディネート事業の創設は、保育所地域子育てモデル事業、地域子育て支援センター事業での保育と子育て支援総合コーディネートの兼務が困難であったためであった。次世代育成人材養成事業による「子育て総合支援コーディネーター」育成の一連の方向性には注意が必要である。

6）子ども・子育て新システムにおける子育て支援コーディネート

(1) 子ども・子育て新システム、子ども子育て関連3法案可決までの流れ

　現在、政府は「子ども・子育て新システム」の実施に向けて、調整を進めている段階である（表1-3）。子ども・子育て新システムの実施によって、子育て支援総合コーディネートの必要性はより高まると考えられるため、ここで子ども・子育て新システムに関する今日までの流れを簡単に整理する。

　子ども・子育て新システムは「明日の安心と成長のための緊急経済対策」（2009（平成21）年12月8日閣議決定）に基づく、「幼保一体化を含む新たな次世代育成支援のための包括的・一元的なシステム」として構築された。

　2010（平成22）年6月29日に少子化社会対策会議で決定された「子ども・子育て新システムの基本制度案要綱」（少子化社会対策会議2010）によると、子ども・子育て新システムは、子ども・子育て財源の一元化を図り、そこから子育て支援や保育サービスの給付を行うサービス一元化システムである。

　「子ども・子育て新システム検討会議」と「作業グループ」（基本制度ワーキングチーム、幼保一体化ワーキングチーム、こども指針（仮称）ワーキングチーム）で制度の大枠について検討され、2011（平成23）年7月29日、少子化社会対策議会で決定された「子ども・子育て新システムに関する中間とりまとめについて」が発表された（少子化社会対策会議2011）。子ども・子育て新システムの実施には、約1兆円の財源が必要になると見込まれたため、「社会保障・税一体改革」を行い、税制抜本改革とともに子ども・子育て新システムの法案を早急に国会に提出することとなった。

　これを受けて、「子ども・子育て関連3法案」（子ども・子育て支援法案、総合こども園法案、子ども・子育て支援法及び総合こども園法の施行に伴う関係法律の整備等に関する法律案）が、3月30日、閣議決定され、同日、国会提出された。

　2012（平成24）年6月26日、第180回国会（常会）において、当初案の

表 1-3　子ども・子育て新システムのこれまでの経緯

出典：内閣府・文部科学省・厚生労働省，2012

2010(平成 22)年	
1 月 29 日	少子化社会対策会議決定により、子ども・子育て新システム検討会議を設け、検討をはじめる。
4 月 27 日	「子ども・子育て新システムの基本的方向」(子ども・子育て新システム検討会議決定)
6 月 29 日	「子ども・子育て新システムの基本制度案要綱」(少子化社会対策会議決定)
9 月 16 日	基本制度ワーキングチーム、幼保一体化ワーキングチーム、こども指針(仮称)ワーキングチームを設け、検討をはじめる。
2011(平成 23)年	
7 月 27 日	基本制度ワーキングチームにおいて中間とりまとめ
7 月 29 日	「子ども・子育て新システムに関する中間とりまとめについて」(少子化社会対策会議決定)
2012(平成 24)年	
2 月 13 日	基本制度ワーキングチーム「子ども・子育て新システムに関する基本制度とりまとめ」を公表※
3 月 2 日	「子ども・子育て新システムの基本制度について」(少子化社会対策会議決定)
3 月 30 日	消費税関連法案とともに平成 24 年通常国会に法案を提出
5 月 10 日	衆議院本会議における子ども・子育て関連 3 法案の趣旨説明・質疑
5 月 17 日	衆議院社会保障と税の一体改革に関する特別委員会における審議開始
6 月 15 日	社会保障・税一体改革に関する確認書(民主党・自由民主党・公明党　社会保障・税一体改革(社会保障部分)に関する実務者会合)
6 月 20 日	「就学前の子どもに関する教育、保育等の総合的な提供の推進に関する法律の一部を改正する法律案(議員立法)」国会提出
6 月 22 日	「子ども・子育て支援法案」と「子ども・子育て支援法及び総合こども園法の施行に伴う関係法律の整備等に関する法律案」の修正案(議員立法)国会提出
6 月 26 日	衆議院社会保障と税の一体改革に関する特別委員会及び衆議院本会議で 3 法案を可決
7 月 11 日	参議院本会議における子ども・子育て関連 3 法案の趣旨説明・質疑
7 月 18 日	参議院社会保障と税の一体改革に関する特別委員会における審議開始
8 月 10 日	参議院社会保障と税の一体改革に関する特別委員会及び参議院本会議で 3 法案を可決・成立

※とりまとめまでに、基本制度ワーキングチーム 20 回、幼保一体化ワーキングチーム 9 回、こども指針(仮称)ワーキングチーム 6 回の計 35 回開催

幼保一体施設「総合こども園創設」の撤回などの大幅な変更があったものの、「子ども・子育て新システム」関連法案の大幅な修正について審議が行われたのち、総合こども園廃止、認定こども園拡充案によって法案は衆議院で可決され、2012（平成24）年8月10日、参議院でも可決された。これを受けて、子ども・子育て関連3法が、2012（平成24）年8月22日に公布された。

(2) 子ども・子育て新システム3法案

2012（平成24）年9月に「子ども・子育て関連3法案について」（内閣府・文部科学省・厚生労働省2012）が発表された。

それによると、主なポイントは、「認定こども園制度の改善」、「認定こども園、幼稚園、保育所を通じた共通の給付（「施設型給付」）及び小規模保育等への給付（「地域型保育給付」）の創設」、「地域の子ども・子育て支援の充実」である。

子ども・子育て新システムでは、子どもと家庭にとって身近な「基礎自治体（市町村）が実施主体」となって取り組み、それを国や都道府県が支える。本システムの実施にかかる財源の確保は、消費税の引き上げによって行う、つまり「社会全体による費用負担」とした。また、現在制度ごとにバラバラな子どもと家庭が利用できるサービスについて「政府の推進体制」を整備し、管轄省の壁を取り除く努力がなされる。また、子育て当事者などの意見を施策に反映するために、「子ども・子育て会議を設置」することとなった。

具体的なところは、検討を重ねるべきところも多いが、個々の子どもと家庭の状況に応じて子ども・子育て支援を総合的に行えるよう、大きく舵をきろうとするものである。

(3) 子ども・子育て新システムにみられる子育て支援コーディネート

先にも述べたように、子ども・子育て新システムは、子どもに関する財源の一元化が目指されるとともに、よりきめ細やかなニーズに即した子育て支援サービスを図ろうとするものである。現時点で仕組みは完全に明らかにさ

れていないが、少なくとも、「利用者を適切にサービスにつなぐ」専門職が必要になってくる。

　しかし、子ども・子育て新システムにおける子育て支援総合コーディネートの必要性に関する記述および具体的な議論はほとんど見あたらない。

　たとえば、「子ども・子育て新システムに関する中間とりまとめについて」（少子化社会対策会議 2011）では、「総合的な子育て支援の充実」として、「子育て支援コーディネーターによる利用支援の充実等」と記されている。ここでは、「総合」が抜けた「子育て支援コーディネーター」という新しい表現が出現している。中間とりまとめにおける子育て支援総合コーディネートに関する記述は、この短い文言のみである。

　さらに、その後の資料をみても、子ども・子育て関連3法案が交付された後の「子ども・子育て関連3法案について」（内閣府・文部科学省・厚生労働省 2012）の資料の p 29 に「約 0.3 兆円：職員配置基準の改善をはじめとする保育等の質の改善のための費用、質の改善として想定している主な内容」の「③総合的な子育て支援の充実」に、「地域の子育て支援拠点における子育て支援コーディネーターによる利用支援の充実など」と記されているだけである。ここでも、「総合」が抜けた「子育て支援コーディネーター」という表現になっている。要は、子ども・子育て新システムでは、「子育て支援コーディネーター」という用語で統一しようとしているようである。そのため、本書でも子ども・子育て新システムに合わせて「子育て支援コーディネート」という用語を採用した。

　ここでは、「子育て支援コーディネーター」は「地域の子育て支援拠点」に配置されると読み取れる表現になっている。子育て支援コーディネーターをどこに配置するかについては、今まで言及されてこなかったが、国が子育て支援コーディネーターを「地域の子育て支援拠点」に配置しようとしていることが示された。

　そして、子ども・子育て関連3法案の中で、子育て支援コーディネートについて記されていると読み取れる部分がある。

　「子ども・子育て支援法」（平成 24 年法律第 65 号）第五十九条に、「一　子ども及びその保護者が、確実に子ども・子育て支援給付を受け、及び地域

子ども・子育て支援事業その他の子ども・子育て支援を円滑に利用できるよう、子ども及びその保護者の身近な場所において、地域の子ども・子育て支援に関する各般の問題につき、子ども又は子どもの保護者からの相談に応じ、必要な情報の提供及び助言を行うとともに、関係機関との連絡調整その他の内閣府令で定める便宜の提供を総合的に行う事業」と、子育て支援総合コーディネート事業を指すと考えられる事業が「行うもの」とされている。この法文は、現行の児童福祉法第21条の11に内容は近いが、児童福祉法で見られた「保護者から求めがあつた場合は」という制限がなくなっている。そして、「子ども及びその保護者が、確実に子ども・子育て支援給付を受け、及び地域子ども・子育て支援事業その他の子ども・子育て支援を円滑に利用できるよう（略）総合的に行う事業」とあるように、子育て支援における市町村の責務の範囲を児童福祉法よりも広くしていると読み取れる表現になっている。

したがって、子ども・子育て支援法の法文を見る限りは、子ども・子育て支援法によって子育て支援コーディネートの機能が強化されると窺えるが、先にも述べたように、実際にはこれに関する具体的な議論は十分になされていないようである。また、法文の中に「子育て支援総合コーディネート事業」などの具体的な事業名は出ておらず、やや曖昧な表現で必要性を示すに留まっていると言える。

まとめ

以上、子育て支援総合コーディネート事業から子ども・子育て新システムにおける子育て支援コーディネートの変遷について述べた。

子育て支援総合コーディネート事業創設案（厚生労働省2002）は、子育て支援サービスの提供において、ケースマネジメントを行うという画期的な施策であった。しかしながら、ケースマネジメントを行う「力量」を備えた専門職の必要性が見失われ（つまり、ソーシャルワーカーの必要性が見失われ）、ケースマネジメントの必要性も徐々に曖昧になっていった。子育て支

援総合コーディネートは「改正児童福祉法に位置付ける」とされただけで、中身は形骸化し、次世代育成支援人材養成事業が創設されたが、利用者と子育て支援サービスをつなぐためにもっとも必要であったケースマネジメントに関する記述は抜け落ちた。また、子ども・子育て新システムにおける子育て支援コーディネーターの役割についても具体的な記述はほとんど見当たらない。

第2章
ソーシャルワークとしての子育て支援コーディネート

　本章では、「子育て支援コーディネート」をソーシャルワークとして捉えることの意義とソーシャルワークとしての子育て支援コーディネートの骨子を説明する。

1　ソーシャルワークのエッセンス

　子育て支援コーディネートを「ソーシャルワーク」として捉えようとすれば、ソーシャルワークとは何か、すなわちソーシャルワークの定義を明示する必要がある。しかし、ソーシャルワークの定義はこうだと示すことは難しいのが現状である。かつてリッチモンドは『ソーシャル・ケース・ワークとは何か？入門編』（What is Social Case Work?－An Introductory Description.）という著書を公にした（Richmond 1922）。これには『アメリカ合衆国の貧困、歴史的記録』（Poverty, U.S.A. The Historical Record.）というタイトルが付けられていたことがあった（Richmond 1971）。貧困に陥った人たちへの援助を、その原因を克明に辿りながら、マインドとマインド（mind upon mind）のふれあいを通して援助するプロセスが詳細に描かれている。こうした援助がソーシャルワークという対人援助法の原点であり、これによって

ソーシャルワークという専門職の独自性が明らかにされたと言える。当時リッチモンドは、個人や小集団への援助を想定し、ソーシャル・ケース・ワークということばを使っているが、後に地域を包含するソーシャルワークの原点となった。

　リッチモンド（1917）が提唱した援助プロセスは、study－diagnosis－treatmentという、原因の究明から診断、治療という直線的プロセスであり、医学モデルと呼ばれた。そして時は流れ時代は変わり、今日ではジャーメインやギターマンの生活モデルが主流となっており、医学モデルからよりソーシャルワークらしいライフモデルへとパラダイムシフトがなされた（Gitterman and Germain 2008）。このソーシャルワークの1世紀を、極めて乱暴に、医学モデルから生活モデルへの変遷として捉えたが、ソーシャルワークは、時代の変遷、社会経済環境の変化のなかで進化しており、普遍的な意味においてソーシャルワークとはこうであると言うことは難しいのである。本書では、こうした議論をするよりは、ソーシャルワークの視点（枠組み）とソーシャルワーカーの役割を見ながら、本書で考えるソーシャルワークのエッセンスについて述べることとする。

　まずはソーシャルワークの枠組みを、ソーシャルワークが援助対象とする人や問題の捉え方と、ソーシャルワークが人を援助する際の原動力という2つの視点から考えてみる。後者は、そもそも対人援助の方法としてのソーシャルワークが発生することになった動機（motives）となるもので、ソーシャルワーカーの被援助者に対する基本的態度に反映されているものである。

1）ソーシャルワークの視点1：人と環境

　ソーシャルワークは、人（individual）と環境（environment）を一体として捉えるところに特徴がある。心理社会的アプローチを提唱したホリスは人と環境をゲシュタルト（"person-in-situation gestalt"）として捉えることの重要性を提唱した（Hollis 1970；1972）。ライフモデルやエコロジカル・アプローチを提唱したジャーメインは人と環境の双方に焦点を定めること（"dual focus"）がソーシャルワークの重要な特徴であるとした（Germain 1979）。こうした視点、伝統は、ソーシャルワークのさまざま実践理論に共通したものである。これは、貧困の原因は個人にあるのか、それとも環境なのか、といった二分法的な原因究明では、大量に発生する貧困問題の解決とはならないことに気付きはじめる19世末から20世紀初頭の未熟なソーシャルワークにまで遡ることができる。当初、貧困は個人の道徳的退廃が原因であり、個人の精神（mind）に働きかけ、労働の意欲を高め自立を促す方法が、社会福祉的な援助方法だと考えられた。しかし、都市において貧困に陥る人が大規模に発生し、貧困の原因を個人の道徳的退廃や精神の問題に求めることには限界があった。人々が職を求めて都市に集中し、急速に悪化した都市環境や、社会経済的な仕組みそのものに原因が求められ、社会改革（social reform）の必要性が訴えられた。その後のソーシャルワークの歴史では、焦点が振り子のように、人の「こころ」（精神や心理）の方に振られたり、「環境」（制度的環境や人間関係としての社会的環境など）の方に振られたりすることを繰り返しながら、やがて、その両方に焦点を合わせる必要性が訴えられるようになった。

2）ソーシャルワークの視点2（モティベーション）：コンパッションとレスポンシビリティ

　ソーシャルワークの視点は、別の角度から見ることもできる。パンフリー（1959）によると、ソーシャルワークには2つの重要なモティベーションがあった。1つは、コンパッション（compassion）、すなわち困難を経験し、悩み、苦しむ人に対する「おもいやり」であり、もう1つは、個人の利益や権利を守ること、すなわち「プロテクション」である。前者は、人が経験する困難や問題を理解し、その軽減や解決を援助する場合に、人としての「尊厳」を重んじ、一人ひとりを個別化して、あるがままに受け入れることが大切である。そうすることによって信頼関係を築き上げることが、ソーシャルワークを実践する原動力となっているとする。このコンパッションは、被援

助者は一人の人であり、その人に対するソーシャルワーカーの基本的態度（非審判的態度、個別化、傾聴、秘密の保持など）が信頼関係を築くことになる。そうした信頼関係に支えられて、援助を求める人が自ら問題解決をしていく力を獲得することになる。ソーシャルワークの専門的援助観の根底にはコンパッションがあるということになる。

　これに対して後者は、人としての権利や利益を守ることである。ソーシャルワーカーには、困難を経験し悩む個人にただ寄り添っておもいやりを示すだけではなく、積極的にその人の権利を代弁し、自立した暮らしを守ろうという思いがあった。この思いが実践の原動力となった。しかし、この個人の権利と利益の保護は、他の人の利益や権利を守ることに影響する。個人の利益の保護が、個人が一員である社会の利益を損なうものであってはならない。ソーシャルワークの歴史をみると、はじめは個人の利益と権利の保護であったものが、やがて、社会の利益の保護をより重視するようになり、ソーシャルワーカーは、社会の利益を守る責任（レスポンシビリティ）を負うこととなった。今日これは、ソーシャルワークが援助技術をより効果のある援助技術とし、ソーシャルワークサービスの利用者だけではなく、社会あるいは納税者に対して、あるいは他の専門職に対して説明する責任となっている。すなわちソーシャルワークの「アカウンタビリティ」となっている。

3）ソーシャルワーク実践の枠組み

　ソーシャルワークはさまざまな実践理論を生み出してきた。その変遷をみると、始めは環境よりも個人に焦点があり、プロテクションよりはコンパッションに重点が置かれていた。しかし、20世紀の始めごろからソーシャルワークが専門職（プロフェッション）としての階段を上り始めたとき、プロテクションは焦点を、個人の利益を守ることから、社会に対して援助の有効性を示す責任（レスポンシビリティ）へと移すこととなった。そして、ソーシャルワークの重点は次第にコンパッションからレスポンシビリティへと移り始めたのである（Breul and Diner 1985）。ことに、専門的援助の効果測定

が重視されることとなり、今日ではソーシャルワークのアカウンタビリティが問われている。後に触れるエビデンスに基づく実践（EBP：Evidence-Based Practice）はレスポンシビリティに重心があることを如実に示していると言えよう。

　先にも述べたように、貧困や生活上の困難は個人に原因があるとして、援助の焦点は個人の精神的、心理的側面に絞られていたが、貧困の問題が都市に集中する中で、社会経済的環境や物理的環境の影響が認知されるにつれ、焦点は環境にも向けられるようになった。ソーシャルワークは常に個人と環境の両方を捉えてきたと述べたが、このバランスが強調され始めたのは1970年代からと言えよう。そして、一般システム論の有用性が認められ、エコロジーの視点が導入されると、人と環境の全体を捉える視点が、ソーシャルワークの固有の枠組みとなった。

　こうした変遷を経て、今日主流とされる人の生活を包括的に捉えるライフモデルやエコロジカル・アプローチなどは、アセスメントにおいてもプランニングにおいても、人と環境をバランスよく捉えるソーシャルワーク実践理論となっている。しかし、すでに述べたように、コンパッションとレスポンシビリティという軸でみると、今日のソーシャルワークの援助技術はレスポンシビリティへの偏りがみられる。ことに日本では、近年の厳しい社会経済的情勢と社会福祉基礎構造改革の進展のなかで、ソーシャルワークは効果的であるばかりではなく、コストを重視する効率的な援助であることが期待されている。ソーシャルワークの存在価値を示すには、レスポンシビリティ重視の姿勢をエビデンスに基づいて示す必要があるのである。

2　ソーシャルワーカーの役割の変遷

　ソーシャルワークの枠組みを「人と環境」と「コンパッションとプロテクション」という2つの視点から見てきた。本節では、少し具体的にソーシャルワークをソーシャルワーカーの役割の変遷から捉え直してみたい。

1）治療的役割の重視

　19世紀末、ケースワーカーの原型といわれる友愛訪問員（friendly visitors）は、濫給や漏給の調査よりは友愛訪問員のマインド（精神、こころ）によって、給付に依存し自立できない個人のマインドに働きかけ、自立を支援することを役割とした。いわばコンパッションに基づく人に対する姿勢によって援助することが役割であった。その後、この友愛訪問員の専門性を高めるために教育制度が整えられていくことになる。専門職（プロフェッション）としての道を歩み始めたソーシャルワークは、ソーシャルワーカーを養成する教育の制度化を進め、アメリカでは20世紀初頭にソーシャルワークのスクールが姿を現す。このプロセスの中で、当時アメリカに上陸したばかりの精神分析がソーシャルワークに大きな影響を及ぼし、プロフェッショナルとしてのアイデンティティを求めてソーシャルワークは精神分析と同一化することとなる。「小さな精神分析医」と揶揄されながら、これ以降半世紀もの間、ソーシャルワークの中心的な役割は「治療者」としての役割が中心となったのである。

　ケースワークの領域では、リッチモンド（1917）の『社会診断』にみられるように、詳細に人とその環境を調査し（study）、問題の原因を究明・診断し（diagnosis）、治療する（treatment）という医学モデルが、実践理論として位置づけられた。「診断」を中核に据えた「診断主義（Diagnostic Approach）」は、さらに精神分析を拠り所として定着する。コロンビア大学のホリス（1970 ; 1972）は、自我心理学をベースとして、人の置かれた環境にも配慮した心理社会的（Psycho-Social Approach）アプローチを提唱したが、診断を重視する立場を取り、診断主義を継承した。一方同じころ、ペンシルバニア大学のスモーリー（1970）は、オットー・ランクの出生時外傷（birth trauma）や自由な意思（free will）といった考えに依拠し、援助における診断を重視することはなかった。援助のプロセスは、治療者とクライエントの出会いの瞬間から始まるとするとともに、ワーカーが働く機関の機能を重視

する「機能主義（Functional Approach）」を提唱した。機能主義のソーシャルワーカーは、援助のプロセスにおける場の重要性を認め、とりわけワーカーが勤務する機関の機能はそうした場として援助に大きな影響を及ぼすとしたところから機能主義と呼ばれた。

ケースワークにおける診断主義と機能主義は、後にあまり建設的ではないと批判された論争を繰り返しながら、主要な援助理論として定着した。パールマン（1952；1970）は自我心理学に基づく診断主義を代表する理論家であるが、人が経験する困難の解決を問題解決（problem solving）として捉え、問題解決への動機づけ（motivation）、自我能力としての問題解決能力（capacity）の養成、そしてその能力を発揮する場を用意する（opportunity）ことがソーシャルワーカーの役割であるとした。パールマンの『ソーシャル・ケースワーク－問題解決ケースワーク』（Social Casework : Problem Solving Approach.）は世界のいろいろな言語に翻訳され、もっとも広く読まれた実践理論であったが、ソーシャルワークの役割を基本的には治療者の役割として捉えている。

こうした3つの理論に加え、行動変容アプローチ（Behavior Modification Approach）、危機介入アプローチ（Crisis Intervention Approach）、などといった1970代から注目され始めた実践理論が、ロバーツとニー（1970）が編纂した『ソーシャル・ケースワークの理論』（Theories of Social Casework.）に取り上げられているが、多かれ少なかれソーシャルワーカーの治療者としての役割を中心にしたものであった。その後シカゴ大学において開発された課題中心アプローチ（Task-Centered Approach）は、独自の「治療技法」を明確に示さずに、援助に関わる人びと（被援助者はもとよりワーカーや他の専門職など）の課題と援助ゴール、援助の辿るべきプロセスを明確にして、援助を構造化（structured）した。これは、これまでのアプローチとは異なるソーシャルワーク援助の新たな展開を暗示していた（Reid and Epstein 1972）。今日でいうところのケースマネジメント的なケースワークの実践理論で、マネジャーとしての役割を暗示するものであったと言える。さまざまなアプローチ（ソーシャルワーク実践モデル）については、久保・副田（2005）などを参照されたい。

2）ソーシャルワークの課題：多様な役割遂行の必要性

　こうした安定した長い治療的役割重視の時を経て、変化が起こり始めたのは、アメリカでは公民権運動やジョンソン政権下における貧困戦争によって人権や生活環境に対する社会的責任が重視され、ソーシャルワークが蓄積してきた治療的役割のみではソーシャルワークに対する社会的要請に応えられないことが明確になったからである。ブライアー（1971；1974）は『ソーシャルワークにおけるイッシュウ（Issues in Social Work）』などにおいて、ソーシャルワーカーは、いろいろな帽子を被らなければならないと訴えた。

　ソーシャルワーカーには、問題解決能力としての自我機能を高めるといった治療者としての役割だけではなく、援助を受ける人びとの権利を代弁し擁護する「代弁者（advocate）」の役割、ニーズと地域の資源とを仲介する「仲介者（broker）」としての役割、地域の資源を発掘したり開発したりする「開発者（developer）」の役割、援助がうまくいったかどうかを評価する「評価者（evaluator）」としての役割など、同時に多くの役割が期待されることとなった。治療者としての役割はソーシャルワーカーの役割の1つに過ぎず、それに専門特化することは、ソーシャルワークの存在価値（raison d'etre）を失わせることになると考えられるようになった。ただ、こうした役割を大学院レベルの養成プログラムで教育するのか、それとも学部レベルで多様な役割を遂行するジェネラリストを養成し、その後 MSW（ソーシャルワークの修士）において治療的役割など専門特化した人材を養成するのかが検討されることとなった。

　アメリカではその後今日に至るまで、BSW（ソーシャルワーク学士）には幅広い役割を教育することが期待され、一方、MSW には専門、特化が求められた。今日も大学院の養成課程では「コンセントレーション（concentration）」といったより専門的で高度な集中課程が提供される傾向がみられる。しかし、こうした専門特化には治療的役割への偏りが見られる。個人開業を

目的とするポピュラー・サイコロジストといった臨床心理士的な役割が好まれ、スペクトとコートニー（1997）をして「ソーシャルワークはミッションを捨てた」とまで言わしめたのである。

　ソーシャルワーカーの役割は、伝統的な治療者としての役割から、社会経済的環境の変化に対応し、代弁者や斡旋者といった役割の多様化が求められることとなった。しかし、アメリカでは治療的役割への固執は根強く存在する。ソーシャルワーク実践の本質が、人と環境を一体として捉え、両者の交互作用のなかで生じる生活上の問題を、個人自らが解決しようとするのを援助することであるとするならば、ソーシャルワーカーの役割は必然的に治療者のそれを超えなければならない。日本では、単なる代弁者としての役割に留まらず、環境調整をしながら人の潜在的な力を引き出し、本来の権利を取り戻そうとする「エンパワーメント」が注目されているが、治療的役割を越え、多様な役割を遂行するソーシャルワークのあり方を示すものである。

　筆者らは、こうした多様な役割遂行によるソーシャルワーク実践の理論は、岡村理論として知られる社会福祉実践の理論に拠り所があると考えている。次節では、包括的な視点に立ち、個人と制度（的環境）との交渉関連のプロセスを社会生活として捉え、そこで生じる問題を社会福祉固有の対象、そしてその解決のための働きを社会福祉固有の機能として示した岡村実践理論を再吟味し、ソーシャルワークの役割としてのエッセンスを示す。

3　PEIM（ピーム）としてのソーシャルワーク

　ソーシャルワークの働きは、援助対象である人と環境とその接点（インターフェース）における多様なやり取り（交渉関連、交互作用）において生じる問題の解決を、地域に存在する多様な資源（ワーカーとしての自分自身を含む）を適切に活用しながら継続的に援助するという「マネジメント」の役割が中心となってきていると考えられる。本節では、こうしたマネジメントの役割を「人と環境のインターフェース・マネジメント（PEIM：Person Environment Interface Management：ピーム）」と呼ぶこととし、前節で少し

触れた岡村理論が今日のソーシャルワークに対して示唆するところを吟味しながら、その内容について検討する（芝野 2007）。

人と環境のインターフェース・マネジメントという役割

　岡村（1957 ; 1983）は、「社会生活」とは「個人と制度との交渉関連によって始めて営まれる」とした。生きる（社会生活）というのは、制度側の要求に応え、制度が提供するサービスを利用しながら、自らの要求を満たすことによって営まれるのである。岡村は、この個人と制度のダイナミックな交渉関連を「社会関係」と呼び、その構造を「主体的側面」と「客体的側面」から説明した。岡村の社会関係は、ライフモデルにおける人と環境との交互作用（transaction）に他ならず、ソーシャルワークらしい包括的な視点を備えていたが、岡村が説明した社会関係の構造は、ソーシャルワーカーが働きかける「人と環境のインターフェース」を操作的に定義（操作化）したものといってもよいであろう。人は、多様な社会生活上の要求（その人らしく生きようとする際に生ずるさまざまなニーズ）を同時に持ち、それに対応する多様な制度を同時に利用することによって、要求を充足しながら社会生活を営んでいる。制度は個人の要求を満たすために、個人として制度に対して果たすべき役割の遂行を求める。個人がその役割を遂行すれば、制度は要求を満たすことのできるサービスを個人に対して提供することになる。図 2-1 はこの個人と制度との交渉関連（交互作用）すなわち社会関係を図式化したものである。たとえば、健康に対する要求がある場合には、まず個人は医療制度あるいはそれを具体的な制度的集団である病院に対して治療を求める（矢印 A）。それを受けて病院は個人に対して患者としての役割（問診に応える、保険証を提示する、医者の指示に従うなど）を遂行するように求める（役割期待：矢印 B）。そして個人が患者としての役割を遂行すれば（矢印 C）、制度的集団である病院は治療（サービス）を提供することになる（矢印 D）。図中の矢印 A と C は、個人から制度への働きかけであり、社会関係の主体的側面ということになる。そして、図中の矢印 B および D は、制度から個人への働きかけであり、社会関係の客体的側面ということになる。

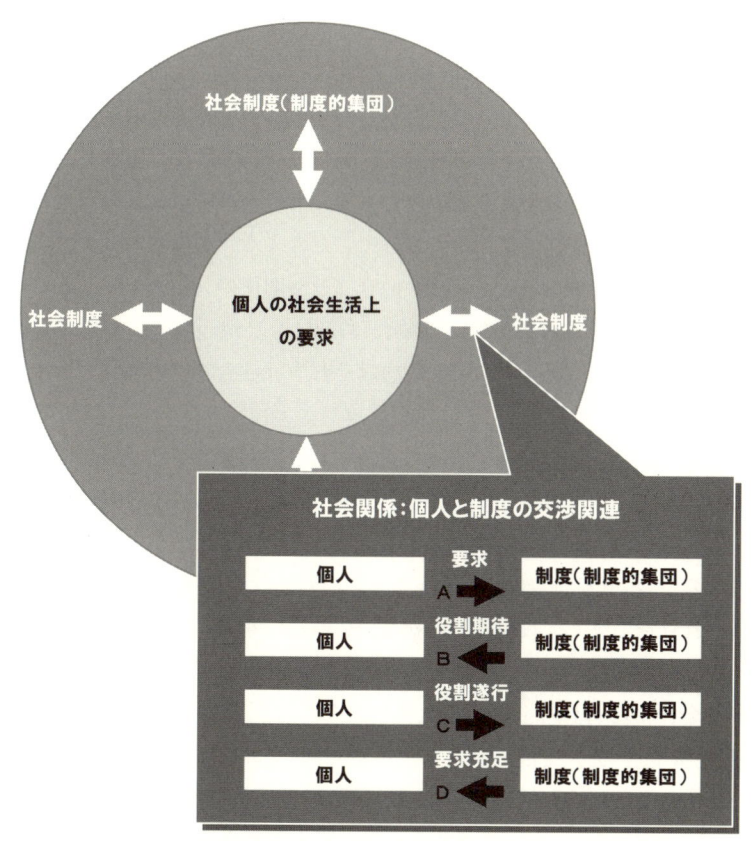

図 2-1 中の図内テキスト:
- 社会制度(制度的集団)
- 社会制度
- 社会制度
- 個人の社会生活上の要求
- 社会関係:個人と制度の交渉関連
- 個人／要求A／制度(制度的集団)
- 個人／役割期待B／制度(制度的集団)
- 個人／役割遂行C／制度(制度的集団)
- 個人／要求充足D／制度(制度的集団)

図 2-1　岡村実践理論と社会生活の仕組み（出典　芝野 2007）

　岡村はこの個人と制度や制度的集団とのインターフェース（社会関係）において生じる問題を次の3つに整理している。「社会関係の不調和」、「社会関係の欠損」、そして「社会制度の欠陥」である。たとえば、ある男性は家庭的な安定を求めているが、同時に経済的安定も求めているとしよう。男性は、家庭という制度あるいは家族という制度的集団に対して安定を求める。同時に会社という制度的集団に対して経済的安定を求める。先に述べたように、人は同時に多様な要求を持ち、それを満たしながら生活しているのである。さて、こうした状況で家族は男性に夫あるいは父としての役割を期待するが、同時に会社は社員としての役割遂行を期待する。もし、家族が父とし

て夫として家族とより多くの時間を過ごすという役割の遂行を望み、会社は単身赴任を役割期待として投げかけたとしよう。この二つの役割は矛盾することとなり、役割葛藤が生じる。こうした複数の制度や制度的集団の役割期待が矛盾し、役割葛藤が生じる場合を、岡村は「社会関係の不調和」と呼んだ。社会生活上の要求があり、制度があるにもかかわらず、利用者が制度を知らなかったり、情報の提供が不十分で、どのように利用すればよいのかがわからなかったりする場合、岡村のいう「社会関係の欠損」が生じる。いま1つの対象となる問題は、個人の要求があるにもかかわらず、それに対応する制度が存在しない場合である。岡村はそれを「社会制度の欠陥」と呼んだのである。

　岡村は、この3種の問題の解決を援助する社会福祉固有の機能を、次の5つに整理している。まず、個人の社会関係のどこに、どのような問題が生じているかを評価するアセスメントしての「評価的機能」、そして、複数の制度による役割期待に軋轢がある場合、すなわち社会関係の不調和がある場合、それらを調整し、役割遂行を援助し、ニーズを満たすことができるようにする「調整的機能」。個人の社会生活上の要求と制度との間に交渉関連がない場合、すなわち社会関係の欠損に対しては、要求と制度を結びつける「送致的機能」。社会生活上の要求があるのにそれに見合う制度がない場合、すなわち社会制度の欠陥に対しては、制度やサービスを作り出す「開発的機能」。そして最後に、特定の必要性を持つ限定された人びとに対して、セーフティネットとしての保護的なサービスを提供する必要があり、それが「保護的機能」である。こうした機能は、これまでの治療的役割ではとうていカバーできないものであり、多様な専門的役割の遂行によってカバーできるのである。多様な機能を実現する複雑多様な役割を精査すると、その根底には1つの大きな手続きがなければならないことに気づく。それは、多様な役割を駆使して行う継続的な援助プロセスの進行を管理する手続きである。すなわち、人と環境あるいは個人と制度のインターフェースにおける援助の進行のマネジメント（PEIM：Person Environment Interface Management：ピーム）である。こうしたマネジメントは社会福祉領域における対人援助手続きとして、きわめてソーシャルワークらしい重要なものであり、ソーシャルワーク

のエッセンスであると筆者らは考えている。

そして、子育て支援コーディネートは、まさに人（子どもと子育てをする親、保護者）と環境（次世代育成支援行動計画などの制度に基づき提供されるサービス）とのインターフェースにおいて、多様な機能を駆使しながら継続的に援助プロセスの進行を管理するものであり、ピームであると言うことができる。

4　ソーシャルワークとしての子育て支援コーディネート骨子（フロー）

本節では、こうしたピームの援助プロセスの骨子をフローとして示す。

子育て支援コーディネーターの実践手続きの骨子をフローチャートの形で全体が鳥瞰できるようにしたのが図2-2である。図に示された援助プロセスは、保護者（親）が子育てについての悩みの相談や情報の提供を求めて地域子育て支援拠点などに来るところから、サービスの提供を受け問題の解決やニーズの充足がなされたかどうかを評価し、終結するまでを示している。□内は、コーディネーターの業務を簡潔に示している。◇は、意思決定場面を示している。最初の◇は、保護者が予防接種やイベントの情報といった単純な情報を求めているだけかどうかを判断し、"yes"であれば情報を提供する（右の□）。その情報で「満足」であれば、すなわち"yes"であればケースは終了する。"no"であれば、新たな情報を再提供することになる。このプロセスをループ（矢印）で示している。情報のみではない場合、下方の□に移り、保護者の問題やニーズについていろいろな角度から幅広く聞き、検討することになる。保護者に尋問するのではなく、傾聴し、気持ちを受容しながらアセスメントを行う。その結果に基づき、保護者とともに、問題やニーズを整理し、場合によっては順位付けをしながら、問題の解決やニーズの充足に役立つ資源（サービス）を選び出す。そして保護者に斡旋し、保護者が活用できるように援助計画を立てることになる。もちろんこの段階でサービス提供者と連絡を取り連携しながら、サービスの利用登録や利用を援助す

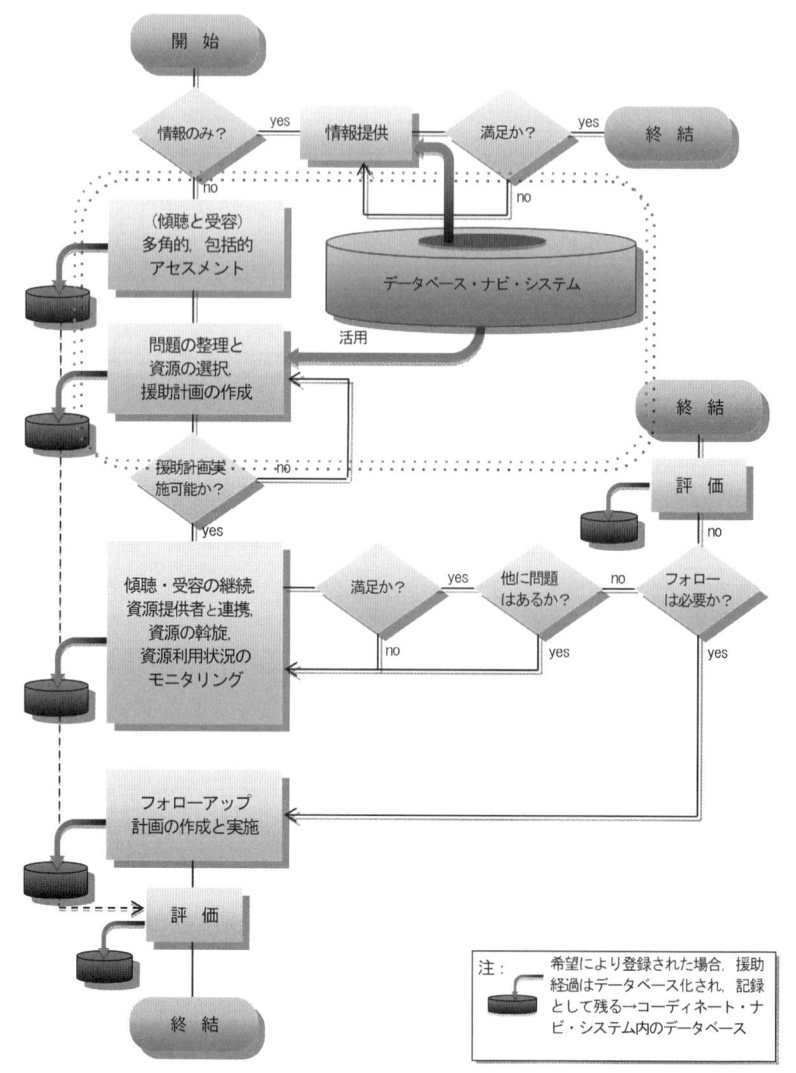

図 2-2　子育て支援コーディネート・ナビ・システムのフロー（出典　芝野 2012 b）

ることになる。

　本研究では、自治体と協力して利用可能な資源をデータベース化した。データベースは iPad あるいは iPad mini から利用できるようになっている。

iPad（mini）のデータベースから適切な資源を選び出し、利用することになる。データベースは、図 2-2 の中央のドラム缶で表現されている。アセスメントデータ、援助計画、選択されたサービス、および次の□に示されている利用状況のモニタリング情報は、iPad（mini）のナビゲーションに従って入力すると、リアルタイムでデータベース化されるようになっている。図 2-2 では、□の左横にデータの蓄積を示すドラム缶でこれを表現した。

　後にも述べるが、このように本研究では、ソーシャルワークとしての子育て支援コーディネートを、ICT を活用し、持ち運び可能な iPad、iPad mini を利用することによって、コーディネーターが「いつどこでも」利用者と向かい合いながら簡便に利用できる「実践モデル」として開発した。

第3章
実践モデルの開発的研究[※]

本章では、これまで十分に説明せずに来た「実践モデル」とは何かを説明するとともに、実践モデルの開発において用いた開発手続きである「修正デザイン・アンド・ディベロップメント（Modified Design and Development、以下 M-D&D とする）」について説明する。

1 実践モデルとは

1）ソーシャルワークの「実践理論システム」

実践モデルについて説明する前に、それが演繹されたり援用されたりするものの一つである「実践理論」について説明することから始めたい。

ソーシャルワークの実践理論は、実践に根拠や正当性を提供するとともに、実践を導く知識の体系であると言える。実践理論が必要となるのは、実

[※]本章は、芝野・小西（2012）に掲載された論文「ソーシャルワークにおける開発的研究と実践のイノベーション－子育て支援総合コーディネート実践モデルの開発を例として」（253-274）の一部を修正・加筆したものである。

践にかかわる体系的な知識が必要となるからであるが、その動機は実践における問題解決に方向性を示すものが必要であるからということと、実践を改善することが必要となるからであろう。そうした動機付けをもって、実践理論を作り上げるプロセスでは、他の学問の理論や社会福祉学の理論、そしてすでに存在するソーシャルワークの実践理論からの演繹がなされる。また、さまざまな理論からの演繹だけではなく、さまざまな援助手続きに関する理念を援用することによっても、実践理論は生成される。このように言うと、一見ソーシャルワークの実践理論は借り物の理論や理念の寄せ集めのように思えるかもしれない。しかし、実際には実践理論の生成のプロセスにおいて、実践理論を創る人、すなわち実践理論家がさまざまな理論や理念を独自につなぎ合わせ、まとめることになる。このことが重要であり、こうしたプロセスを経て生み出された実践理論は独創性のある実践理論となるのである。さらに、実践理論家は理論の生成のプロセスにおいて成長する。その成長過程の中で経験、体験したことが加味され、より一層独自性が強くなる。この場合の独自性は、独りよがりという意味ではなく、新たな実践理論として、ユニークな実践理論として認められ、ソーシャルワーク実践理論を豊かにするものである。

　こうした実践理論は、包括的、普遍的な側面を持ち、さまざまな問題解決の援助理論を説明するとともに、実践の意義と根拠を提供し、幅広い問題解決に活用できる手続きを示唆するものである。その中には、より具体的な援助に意義と根拠を与え、導くものもある。芝野（2002）は、前者を「包括的実践理論」と呼び、後者を「限定的実践理論」と呼んだ。

　例えば、岡村重夫の総論（1957）は、包括的実践理論であり、包括的な理論として完結していると考えられる。岡村の各論（1963）は対象を限定した複数の限定的実践理論から構成されていて、これもまた完成していると考えられる。一人の理論家が、包括的実践理論と限定的実践理論を完成させた例と言える。一方、ライフモデルは、包括的実践理論ではあるが、複数の限定的実践理論を内包している（Germain and Gitterman 1980）。これは、実践家でもあり研究者でもある複数の教員らが協力して作り上げた実践理論の例である。

タスク・センタード・アプローチ（課題中心アプローチ）は、リードとエプシュタイン、そして彼らをサポートする複数の研究者や院生の協力によって計画的に開発された包括的実践理論である（Reid and Epstein 1972）。しかし、その後、生みの親であるリードやエプシュタインのみならず、開発に協力した研究者や院生が、次々と限定的実践理論を生み出している。そうした意味で大変興味深い実践理論の例である。たとえば、スタインとザプニッキ（1983）は児童虐待対応のためのタスク・センタード・アプローチの限定的実践理論を開発し、フォーチューン（1985）は、家族と小グループに対するタスク・センタード・アプローチ限定的実践理論を開発した。また、ナレッパとリード（2003）は高齢者支援の限定的実践理論を開発している。タスク・センタード・アプローチから派生した限定的実践理論は、シュタインとザプニッキのもののように、限定した対象者あるいは対象問題について援助の意義や理念といった実践の拠り所を示すに留まらず、援助の具体的な手続きについても詳細な説明を含んでいる。すなわち、本書において筆者らがソーシャルワークの実践理論とソーシャルワークの実践とをつなぐものとして論じようとする「実践モデル」を含んでいるものが多い。これは、後に述べるように、当時すでにリードとスミスは実践モデルということばを用いており（Reid and Smith 1981）、院生が博士課程において有効な実践モデルを研究開発することを奨励していた。そして、そうした成果を博士学位論文として認める必要性があると説いていたことの証と考えることができよう（Reid 1979）。
　こうしたソーシャルワークの包括的実践理論や限定的実践理論は数多く存在している。それらはまだしっかりとしたつながりを持って存在している訳ではない。しかし、互いに影響し合い、緩やかに関連しながら「実践理論システム」を形成していると筆者らは考えている。そして、このシステムを利用しようとするソーシャルワーカーは、そこから実践の意義と、根拠を見出し、実践の正当性を見出すことができるのである。

2) ソーシャルワークの「実践モデルシステム」

　実践理論の生成と包括的、限定的実践理論のシステムについて説明したが、実践に根拠と正当性を与える理論としての側面を持つ実践理論を直接実践に活かすことは難しいと考えられる。理論は実際に起こる現象（実践）を論理的に説明することに長けており、そこに理論としての意義がある。しかし、実践の根拠や正当性を説明することはできても、理論は抽象性の高いものであり、実践を具体的に導くことは不得意なのである。そこで、実践理論を拠り所として、実践を具体的に導くもの、言い換えれば、理論と実践をつなぐものが必要となる。それが「実践モデル」なのである。

　実践モデルは、実践理論から演繹的に導き出されると考えられるが、それだけでは実践モデルは不十分である。実践理論から演繹的に導き出されることによって、実践に根拠が与えられ、実践しようとする意欲、すなわちモティベーションの高揚にも貢献する。しかし、具体的な実践の手続きに関しては、実践そのものから帰納されるところが大きい。実践そのものから学び、実践を通してよりよいものに仕立てられる必要がある。そこには利用者からの意見や要望が含まれているし、実践者の力量、実践モデル開発者の力量が反映されることになる。そのようにして初めて、実践を具体的に導く実践モデルが創られることになる。

　筆者らは、実践モデルとは「ソーシャルワーカーに対して、実践が対象とする人と問題を明確にした上で、実践の意義を示し、実践の根拠となる依って立つ理論について説明し、実践へのモティベーションを高揚するとともに、実践を方向付けるものである」と考えている。さらに、それに加えて「援助を実践するための有効かつ具体的な手続きを示さなければならない」と考えている。言い換えると、筆者らは、実践モデルには次の5つの要素が含まれていなければならないと考えている。1) 実践の対象（対象者と対象問題を含む）、2) 実践の意義、3) 依って立つ理論、4) 援助の具体的な手続き、そして5) 処遇効果に関する記述である。とりわけ援助の手続きについ

ての具体的な記述が、実践理論と実践モデルとを区別する大きな特徴であると考えている。

こうした実践モデルにも、幅広い問題の解決に資する包括的実践モデルと、限定された問題の解決に資するものがあると考えられる。例えば、学校内でのさまざまな問題に対応する包括的なスクールソーシャルワーク実践モデルがあれば、いじめに特化した限定的実践モデルがある。こうした実践モデルは、まだまだ数は少なく、体系的に整理されてはいないが、複数存在し、互いに緩やかに関係しながらソーシャルワークの「実践モデルシステム」を形成している。筆者らは、実践モデルシステムはオープンなシステムであって、今後新たに開発される実践モデルを取り込みつつ成長しなければ、プロフェッションとしてのソーシャルワークはますます顕在性が薄れるものと考えている。こうした意味で、実践モデル開発は重要なのである。

2 実践マニュアルと ICT の活用

実践モデルが示す援助手続きの記述が具体的であっても、直ちにソーシャルワーカーの実践を導くことができるほど具体的ではないことが多い。より具体的にステップ・バイ・ステップの形で実践を導く「実践マニュアル」が必要となる。先述のシュタインとザプニッキの例のように、実践モデルには実践マニュアルを含んでいるものもあれば、別途用意しているものもある。しかし、実践マニュアルが用意されていないものも多く、容易に実践につながらない実践モデルも少なくない。実践モデルの開発にあたっては、実践マニュアルの開発も同時に行う必要があると筆者らは考えている。

こうした実践モデルとマニュアルは、主に実践理論システムから、とくにその中の限定的実践理論から演繹されることになる。さまざまな理論の援用、あるいは実践からのフィードバックもまた、実践モデルの構築に貢献することは言うまでもない。また、実践モデル開発の成果は実践理論システムにフィードバックされ、よりよく実践を説明し、より現実にそった正当性と根拠を実践に与えるように実践理論が改善されることになる。図 3-1 には、

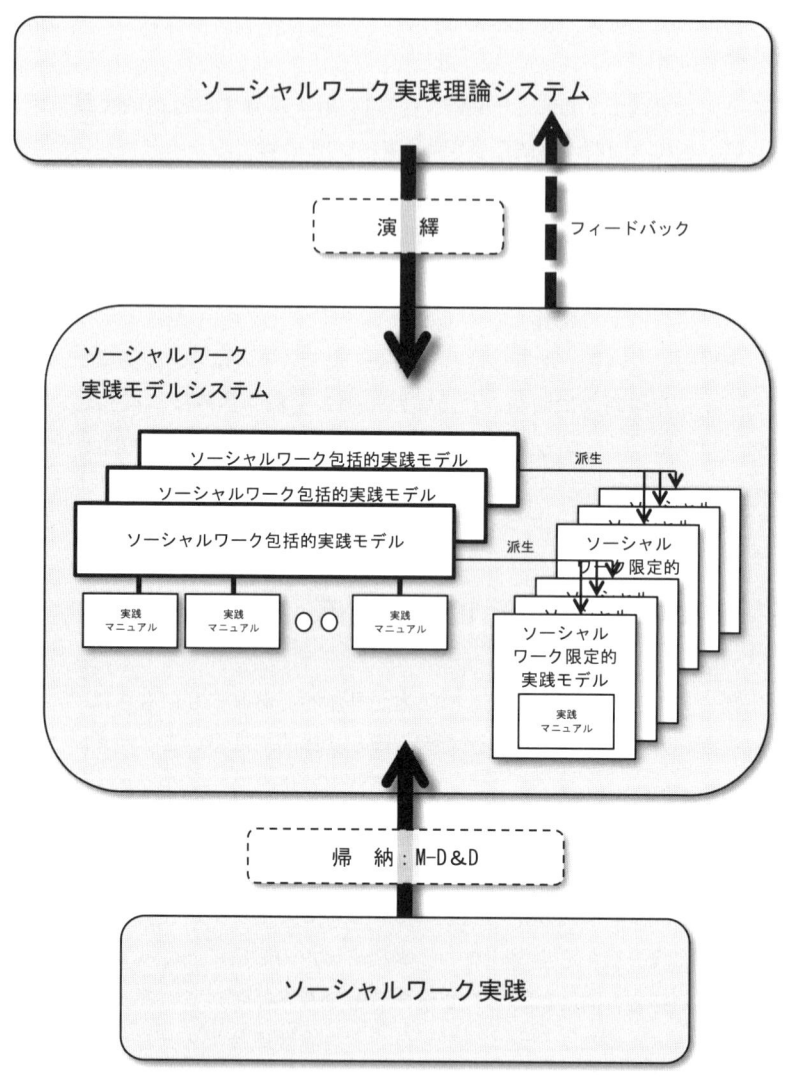

図 3-1 実践モデルの生成：演繹と帰納（出典　芝野 2012 b）

　こうした実践モデル・マニュアルの生成と実践理論システムとの関係を示した。

　実践モデルと実践マニュアル、ことに実践マニュアルは、詳細かつ具体的

なガイドとして実践を導くだけではなく、実践マニュアルに導かれた実践活動を記録に残すことを促すものでなければならない。すでに第2章の第4節「ソーシャルワークとしての子育て支援コーディネートの骨子（フロー）」で述べたように、こうした実践のガイドや実践活動の記録（データベース化）については、ICTを活用することによって、これまで実現することが難しかったことが実現できるようになってきた。子育て支援コーディネートは、保護者（親）と子どものニーズを満たす社会資源（サービス）をアセスメントに基づき適切に選択することが要となる。数百というサービスの中から迅速かつ適切に選択することは、子育てコンシェルジュ個人の記憶と判断に頼っていては難しいといわざるを得ない。利用者の個別ニーズに合わせて既存資源の中から適切な資源を検索できるデータベースは、こうした難題に対するソリューションであり、ICTの活用がそれを実現してくれる。

　また、援助活動の記録は、援助の質向上や実践モデルの改善、あるいは新たな実践モデルの開発にとって極めて重要なドキュメントであり、実践のエビデンスとなり得るものである。しかし、実践活動を記録として正確に残すことは、子育てコンシェルジュにとっては、大きな負担となり得る。こうしたペーパーワークの負担の軽減は、ICTを活用することによって実現することができる。馴れない端末機器を用いて入力する作業は、却って子育てコンシェルジュの負担を増やすように見られがちである。しかし、ICTは日々進化しており、インターフェースを工夫し、人にやさしいものにすることによって、実践活動をリアルタイムで入力、記録することが容易にできるようになっている。後に詳細に示す子育て支援コーディネート・ナビ・システムは、入力画面の指示に従って活動を入力することによって、リアルタイムで活動を記録し、データベース化できるようになっている。先に述べたデータベース・ナビ・システムも簡便な検索を実現するだけではなく、ナビゲーションに従って検索したことが、利用歴として記録、データベース化できるようになっている。このように、コーディネート・ナビ・システムやデータベース・ナビ・システムそのものが実践をガイド（ナビゲート）するICT実践マニュアルとなっているのであるが、それはICTを活用することによって可能になるのである。本研究では、携帯可能で、利用者と対面しながら活

用できる iPad や iPad mini のソフトウェアとして実践マニュアルを開発した。

3　実践モデル・マニュアルの開発手続きとしての M-D&D とそのプロセス

1）Thomas らの D&D

　トーマス（1976）は、それまであまり重視されなかった介入（援助）技法の開発手順を明らかにした。彼が提唱した開発手順は、開発された介入技法を実践現場に普及（dissemination）させることを最終目標とした点で特徴的であった。彼は、先ず"DR&U"を公にしている。人が問題を認識し、その解決を必要とするとき、言い換えれば問題解決へのニーズが存在するとき、ニーズを満たす問題解決の方法を研究開発することになるとした。彼のユニークな点は、この研究開発のプロセスを「エンジニアリング」として捉えたところにある。彼は、ソーシャルワークには、介入技法の開発をエンジニアリングとして捉える姿勢が希薄で、問題解決の方法を研究・開発（R&D）するという発想が見られないことを批判したのである。彼の提唱した DR&U は、こうした状況に対する一つのソリューションとして公にされたものである。DR は開発的研究（developmental research）であり、U は活用（utilization）である。介入技法を研究・開発し、実践現場にまで普及し、活用する手順を説いたのが DR&U ということになる。
　後にロスマンとの協働により、より洗練された"D&D"を公にしている（Rothman & Thomas 1994）。最初の D は開発（development）であるが、後の D はデザイン（design）を意味している。彼らは、開発の準備段階を問題の分析および開発計画の立案とより詳細な情報の収集と統合という 2 段階とし、問題について極めて精緻かつ多角的に情報を収集・分析し、まとめを行

うとしている。第3段階では介入技法をデザインするとしているが、「デザイン」ということばを用いることによって開発プロセスの想像的かつ創造的な側面を強調しており、D&D の特徴となっている。第4段階と第5段階で、パイロット的評価を試みた後、効果測定を行って、より一層洗練された介入技法を創出する。そして、最終の第6段階として、宣伝と普及（diffusion）と実践現場での採用（adoption）の手続きをまとめ、普及（dissemination）の段階としている。この6つの段階からなる D&D の手続きは、洗練度の極めて高い介入技法開発の手続きであったが、あまりにも詳細であったために、十分に浸透しないままに今日に至っている。

芝野（2002）は、こうした手続きの煩雑さを簡素化し、開発された実践モデルの普及がより現実的となるような工夫を加えながら、D&D のプロセスを修正し、M-D&D（Modified D&D）として公にした。

2）M-D&D のプロセス

実践モデルと実践マニュアルの開発は、エンド・プロダクトとしての実践モデルを開発し普及させるという目的を計画的に実施する地道なプロセスである。以降「実践モデル」ということばを使用するが、実践モデルには実践マニュアルを含んでいる。ただし、実践マニュアルのみを意味する場合には「実践マニュアル」ということばを用いている。

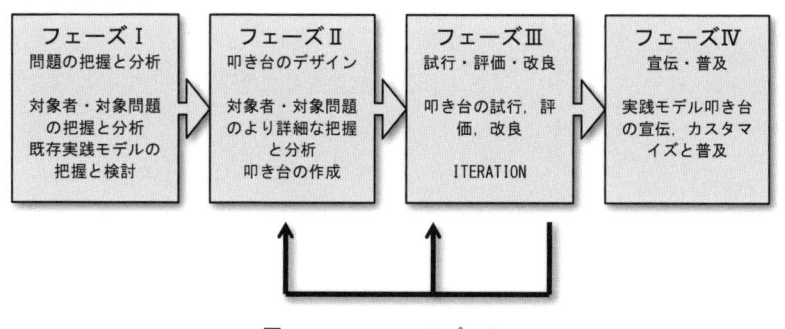

フェーズⅠ 問題の把握と分析	フェーズⅡ 叩き台のデザイン	フェーズⅢ 試行・評価・改良	フェーズⅣ 宣伝・普及
対象者・対象問題の把握と分析 既存実践モデルの把握と検討	対象者・対象問題のより詳細な把握と分析 叩き台の作成	叩き台の試行，評価，改良 ITERATION	実践モデル叩き台の宣伝，カスタマイズと普及

図3-2　M-D&D のプロセス

問題あるいはニーズを把握し、問題解決やニーズ充足のために新たな実践モデルを創る必要があるのかどうかを見極めることから始まり、開発した実践モデルを普及させることで終結する。これを4つのフェーズで捉え、詳細に解説したものがM-D&Dである。以下4つのフェーズを概観する。

　フェーズⅠ：図3–2に示すように、M-D&Dでは、実践モデルの対象となる人（集団、地域）と問題を把握するのがこのフェーズである。把握の方法としては、聞き取り調査、事例研究、文献研究などといった質的調査、そして質問紙などを用いた量的調査がある。文献研究では、他領域の理論、ソーシャルワーク理論、そしてソーシャルワーク実践理論などから関連する情報を検索、整理し、対象とする問題や人の理解に役立てることが重要となる。関連する法制度の確認、実践モデルを活用する機関の機能についても把握する必要がある。フェーズⅠでは、対象とする問題に対して、すでに実践モデルがあるかどうかも調査する必要がある。すでに実践モデルが存在し、十分に機能していれば、あえて実践モデルを開発する必要はなくなるが、機能していない場合は実践モデルの開発に踏み切ることになる。

　フェーズⅡ：このフェーズでは、さらに問題を詳細に把握するとともに、もしすでに実践モデルがあり、それがうまく機能していないのなら、その問題点を明らかにする。こうした詳細な調査の結果を踏まえて、問題解決を援助する手続きの詳細を明らかにし、実践モデルの叩き台を創りあげる（デザインする）ことになる。すでに触れたように、実践モデルには、1）実践の対象（人および問題）、2）実践の意義、3）依って立つ理論、4）援助の手続き、5）処遇効果といった記述が含まれていなければならないが、叩き台についてもこの5つの要素を明らかにしなければならない。ただし、5）の処遇効果については、フェーズⅢの試行・改良を経て明らかにしていくことになる。

　フェーズⅢ：このフェーズでは、実践モデルの叩き台を試行し、改良していくことになる。叩き台を創り、試行・改良を繰り返すことによって実践モデルの完成度を高めて行くが、このプロセスを"iteration"（反復）と呼ぶ。図3–2のフェーズⅢの下部にあるループ（矢印）はこのプロセスを示している。図では矢印の一部がフェーズⅡにまで伸びているが、これは試行の結

果、大幅な改良が必要なときは、フェーズⅡに戻り、叩き台をデザインし直すことを示している。

　フェーズⅣ：試行・改良の結果、十分に改良された叩き台は実践モデルの最終バージョンとしてこのフェーズにおいて宣伝・普及され、現場でその効果を評価することになる。M-D&D では開発の初期段階から、最終フェーズでの普及と評価を視野に入れながら開発を行う。したがって、実践モデルの最終バージョンには普及と評価の仕組みが組み込まれたものとなっている。「モジュール化」はそうした仕組みの一つである。普及により実践モデルが活用される現場は、サービスを提供する機関の規模、実践モデルを実施できる人材の量と質、サービス機関が置かれている地域の特性など、実践モデルを採用し、活用するときの条件がさまざまに異なる。日本の福祉現場では実践モデルの採用に際して、とりわけ機関における専門スタッフの数と力量が重要な条件となるのである。したがって、実践モデルを普及させるためには、実践現場の条件に合わせて実践モデルをカスタマイズする必要がある。

　実践モデルに含まれる援助手続きは、独立した小手続きの集合体である場合が多く、モジュール化とはそうした小単位の手続きをモジュールとして独立させることである。モジュール化することによって、たとえばスタッフの量、質ともに十分な現場では、すべてのモジュールを用いることができるし、スタッフの数や力量が十分ではない現場では、比較的使いやすいモジュールを選択して用いることができる。また、モジュール単位での修正は、実践モデル全体の修正に比べて容易なのである。現場の条件に合わせて必要なモジュールを選択的に用いたり、個々のモジュールを修正したりすることによってカスタマイズが容易になるのである。

　普及、採用された実践モデルは、実践現場において評価されなければならない。ICT の進歩が目覚ましい今日、実践モデル、ことに実践モデルの開発に当たっては ICT の活用が重要となる。前にも述べたように、個人の問題解決を援助する実践モデルが、ケース援助を適切な方向に導きつつ、問題のアセスメント情報、問題解決のためにワーカーが援助した活動情報、そして、その結果問題がどのように変化したかという情報をデータベース化することは、ICT を活用すれば可能なのである（芝野 2001）。こうして蓄積され

たデータベースを詳細に分析することによって、実践モデルの評価が可能となる。

4　子育てコンシェルジュ（子育て支援コーディネーター）実践モデル開発

　本節では、先に示した実践モデル開発のプロセスに沿って、「子育て支援コーディネート」実践モデルの開発プロセスについて概要を示すが、詳細については次章以降に述べることとする。また、子育て支援コーディネート実践モデル開発の背景と必要性については、すでに詳細に述べているが、実践モデル開発の前提として、簡潔に示すこととする。本節では、子育て支援コーディネートを担う子育てコンシェルジュ（子育て支援コーディネーター）ための実践モデルの開発プロセスの概要をまとめて示すために、本書で詳細に取り上げた開発の背景や開発のプロセスと一部重複するところもあるが、敢えて説明することとする。

1）子育て支援コーディネート実践モデル開発の背景と必要性

　少子化が大きな社会問題として注目されたのは、1989（平成元）年のいわゆる「1.57ショック」が契機とされる。少子化は、経済や社会保障、子どもの心理的成長にまで好ましくない影響を及ぼし、高齢化の進行を早める重大な社会的問題であると考えられている。

　少子化の要因の一つと考えられたのは、女性の高学歴化と社会進出である。少子化の歯止めを目的として、結婚、出産、子育てに対する不安感、負担感を取り除き、主に女性の仕事と子育ての両立支援を中心とした「エンゼルプラン」（「今後の子育て支援のための施策の基本的方向について」）が1994（平成6）年に文部、厚生、労働、建設の4大臣の合意により成立した。エ

ンゼルプランは、保育対策（「緊急保育対策等5か年事業」）に具体的な数値目標を設定し、推進されたが、少子化の歯止めとして効果を発揮するどころか、保育需要を高め、待機児童の急激な増加を招いた。

　新エンゼルプラン以降、保育対策はもちろんのこと、男性や企業の育児参加が強調されるとともに、地域や企業がしっかり子育てを支えなければならないという理念が明確に示されるようになる。2003（平成15）年の「次世代育成支援対策推進法」に基づき、2005（平成17）年より自治体および従業員301人以上の事業主は次世代育成支援前期行動計画を策定し実施することとなった。しかし、少子化の歯止めというよりは社会全体で子育てを支援するための施策、行動計画であることが明確にされた。その後、2010（平成22）年に「子ども・子育てビジョン」が閣議決定され、子どもが主人公であり、「少子化対策」から「子ども・子育て支援」、そして生活と仕事と子育ての調和が明確に打ち出された。次世代育成支援後期行動計画にも同様の理念が示され、すべての子どもと子育て家庭への支援に関わる数多くの事業が展開されている。

　次世代育成支援後期行動計画においては200を超える事務事業を展開している自治体が多く見られ、サービスは量的に充実してきていると言える。また、後期計画では、従来の活動指標のみではなく、利用者の満足度を含むアウトカム評価指標により事業を評価することが求められており、事業の質の向上も図られるようになってきた。しかしながら、膨大な数の事業について適切に情報を提供し、利用者がニーズに見合った事業を選択、活用できるように支援する仕組みが十分とは言えず、自治体に対してコーディネートを求める利用者の声は強く、自治体の積極的な取り組みが求められている。にもかかわらず、自治体がそうした要望に十分応えられていないのが現状である。

2）ソーシャルワークとしての子育て支援コーディネート

　「子育て支援総合コーディネート事業」は、当初この名称であったが、本

書の第 1 章で述べたように、名称や内容は変化している。本書では、先に述べたように、実践モデルの開発に当たっては「子育て支援コーディネート」という名称を使用し、その活動を担う子育て支援コーディネーターを「子育てコンシェルジュ」と表記する。

この事業は国庫補助金によるモデル事業として実施されたが、1 年後には一般財源化された。2010（平成 22）年 12 月改正の児童福祉法にはこの名称での規定は見当たらないが、第二款「子育て支援事業」第二十一条の十一にこれを規定した記述がある。

> 市町村は、子育て支援事業に関し必要な情報の提供を行うとともに、保護者から求めがあつたときは、当該保護者の希望、その児童の養育の状況、当該児童に必要な支援の内容その他の事情を勘案し、当該保護者が最も適切な子育て支援事業の利用ができるよう、相談に応じ、必要な助言を行うものとする。
> ○2　市町村は、前項の助言を受けた保護者から求めがあつた場合には、必要に応じて、子育て支援事業の利用についてあつせん又は調整を行うとともに、子育て支援事業を行う者に対し、当該保護者の利用の要請を行うものとする。
> ○3　市町村は、第一項の情報の提供、相談及び助言並びに前項のあつせん、調整及び要請の事務を当該市町村以外の者に委託することができる。
> ○4　子育て支援事業を行う者は、前二項の規定により行われるあつせん、調整及び要請に対し、できる限り協力しなければならない。

子育て支援に関わる諸事業（サービス）について情報を提供し、周知を図るだけではなく、保護者の相談に応じて、子どもおよび子育て家庭のニーズを把握し、利用可能なサービスを斡旋して、保護者が必要とするサービスを確実に利用できるようにマネジする。これは、人と環境との接点に介入し、人の相談に応じて、環境のなかにあるサービス資源を利用し、問題解決を援助するという、まさにソーシャルワークの実践手続きであると言える。

3）開発のプロセス

　筆者らは、次世代育成支援行動計画推進の要としての子育て支援コーディネートをソーシャルワーク実践として捉え、実践モデルの開発に着手した。以下、これを例として用いながら、M-D&D の手順の主にフェーズⅠとⅡについて具体的に説明する。

(1) フェーズⅠ「問題の把握と分析」
　各自治体は、次世代育成支援後期行動計画の策定に当たり、前期計画の評価と保護者など利用者の子育てニーズを把握するために、総合的な実態調査を実施している。こうした既存の調査を検討すると、次世代育成支援行動計画で提供されているサービスに関するわかりやすい情報の提供や、サービスを利用する際の支援を求める声が大変強いことがわかる。子育て支援コーディネートの提供者である自治体が、どのようにこのサービスを捉え、こうした声に答えようとしているのか、実際にどのように情報やサービスを提供しているのかをより詳細に把握するために、すなわち「問題の把握と分析」のために実態調査を実施することとした。この実態調査を通して、子育て支援コーディネートを推進する要因と阻害する要因を明らかにし、実践モデルの開発に反映させることも、調査の目的となる。

　実態調査は、質問紙による量的調査で、対象は政令市を含む全市区町（1717件）の子育て支援担当部局の担当者および子育て支援総合コーディネーター（以下、コーディネーター）である。調査票の作成に当たっては、文献研究に加え、具体的な質問項目を作成するために、エキスパートら（研究者および自治体における経験豊かな担当者など）によるブレインストーミングを実施し、市区町担当者用質問紙とコーディネーター用質問紙を作成した。回収数は、市区町担当者については 873 件（50.8％）、コーディネーターについては 234 件（13.6％）であった。コーディネーターの回収率が低かったのは、子育て支援総合コーディネートを実施している自治体が極めて少なかっ

たことが大きな要因であると思われる。「実施していない」あるいは「実施する予定はない」と答えた自治体は全体の6割に上っており、仮説を裏付けることとなった。

　子育て支援コーディネートを行うのに必要な条件を尋ねると、「コーディネートをする人員の確保」、「市区町内での予算の確保」、そして「市区町担当部局の人員確保」がトップ3となっており、子育て支援コーディネート実践モデルを普及する際の障害となる要因（「人」と「金」）を確認することができた。質問紙では、さまざまな子育て支援コーディネートの役割などの実施状況について、自治体担当者およびコーディネーターに、「現状」と「考え」を訊いているが、総じて、「現状」よりも「考え」の方が、評価が高い。これは、考えとしてはあるが、現状を考慮すると実施が難しいことを示している。また、設問はソーシャルワークの視点からの質問項目が多くなっているが、子育て支援コーディネートをソーシャルワークの視点から実施するという理解に乏しく、実践を通してソーシャルワークの視点をしっかりと養える実践モデルの開発が必要であると思われた。

　実態調査に加え、現場のワーカーからの聞き取りと文献研究から得られた情報を分析・整理した。また、並行して、既存の子育て支援コーディネートに関する実践モデルがあるかどうかを調べるとともに、独自の実践モデルを持ち、実施している現場があれば、聞き取り調査を実施することも計画した。結果的には、保育の視点からの実践モデルは存在するものの、ソーシャルワークの視点による実践モデルは皆無であることが明らかとなった。

(2) フェーズⅡ「叩き台のデザイン」

　フェーズⅡの目的は、フェーズⅠでの結果を踏まえ、ソーシャルワークとしての子育て支援コーディネートを促進する要因、阻害する要因をより詳細に分析するとともに、法制度等の検討も加えて、実践モデルの叩き台をデザインすることである。より詳細な分析から、ソーシャルワークを阻害する要因については人的、財政的拘束に加えて、次のようなことが明らかとなった。自治体の市区町担当者もコーディネーターも、利用者が問題やニーズについて語ることを傾聴することにより、問題の的確な把握、すなわちアセス

メントを行い、最も必要な資源（サービス）を最も適切なときに提供し、確実に利用してもらえるように援助する、といったケースマネジメントに関する理解が不十分であった。これは、市区町担当者やコーディネーターの教育訓練がソーシャルワークの領域ではないことが多いことによるものと考えられる。ことにコーディネーターの場合は、所持資格のほとんどが保育士と幼稚園教員免許保持者であり、社会福祉士は5%にも満たない。ソーシャルワークのバックグラウンドがない人達は、ソーシャルワークとしてのケースマネジメントについての理解が不十分であると考えられる。したがって、実践モデルにはソーシャルワークとケースマネジメントの基本的理解を促進する仕組みがなければならない。

　実践モデルの開発では、5つの構成要素、1）実践の対象、2）実践の意義、3）依って立つ理論、4）援助の手続き、5）処遇効果に配慮しつつデザインする必要がある。

　1）実践の対象は、0歳から小学校低学年までの子どもと保護者であり、子どもの育ちを支える過程（子育て）において直面するさまざまな問題やニーズである。

　子育て支援は、単に保護者の相談相手になるだけではなく、子どもと親の成長と自己実現を支援するために、複雑な問題の解決に必要な資源を的確に選択し、斡旋し、活用してもらって問題解決やニーズの充足に至るように支援しなければならない。人（問題、ニーズ）と環境（制度的資源、インフォーマルな資源）との接点に働きかけ、ライフモデルで言う円滑な交互作用（Gitterman and Germain 2008）、また岡村（1968）が言う人の社会生活上の要求と諸制度との円滑な交渉関連を支援することである。

　こうした視点を持って、子どもと保護者の成長や自己実現を援助することが、ソーシャルワークとしての子育て支援コーディネートである。**2）実践の意義**は、この実践モデルが有効に機能すれば、地域子育て支援におけるソーシャルワークの存在意義を示すとともに、次世代育成支援の推進に貢献することになるという点にある。

　この実践モデルの開発に当たっては、多くの関連領域の理論やソーシャルワーク実践理論を **3）依って立つ理論**とした。詳細は本書の他の章に譲る

が、たとえば、多角的、包括的なアセスメントにおいては岡村理論やライフモデルを始め、子ども家庭中心アプローチ（Pecora et al. 2008）などを拠り所としている。意思決定場面でソーシャルワークの視点から子育て支援コーディネートを担う子育てコンシェルジュをガイドする仕組みに関しては、課題中心アプローチや意思決定理論を拠り所とした。資源の選択に関しては、保護者（親）の子育てが適切に行われるよう支える仕組みに関しての理論としてオペラント理論やプロセティック理論（芝野 2002）などを、かなり折衷的に援用している。

4）援助の手続きは、第2章第4節で示した図2-2に示すように、子育て支援コーディネーターの実践手続きをフローチャートなどの形で全体が鳥瞰できるようにすることが大切である。フェーズⅠでの問題の把握と分析とフェーズⅡでのより詳細な問題の理解や既存の実践モデル（もしあるとすれば）の問題の理解に基づき、図2-2に示された援助プロセスを骨子とする実践マニュアルの詳細な手続きをデザインした。このデザインをベースにICTを活用して子育て支援データベース・ナビ・システムと子育て支援コーディネート・ナビ・システムを開発したが、これらの詳細については後の章に譲りたい。

　実践モデルをデザインする上でもう一つ考慮しなければならないことがある。それは、前の依って立つ理論のところで触れたが、プロセティックという考え方である。オペラント理論によると、環境には行動を引き起こす手がかりとなる刺激（先行刺激）がある。この理論と手続きを援用し、たとえば、虐待をしている親が子どもに接するときに、普段は虐待行動の陰に隠れてしまっている適切な育児行動が出やすくするように、行動を引き起こす手がかりの働きをする環境を調整すると、虐待行動の陰に隠れていた好ましい育児行動が顕在化する。こうした手続きを「プロセティック手続き」と呼んでいる。プロセティックは、補綴的（ほてつてき）という意味で、プロセティックスは義歯や義手といった補綴具を意味する。義歯や義足は失われた歯や足を補う（繕う）ことによって、失われた咀嚼の機能や歩く機能を取り戻すことができる。保護者の適切な育児機能を、環境を補綴具としての働きをするように調整することによって取り戻すことができるのである。この手続きを保護者の

行動だけではなく、子育てコンシェルジュやサービス提供者の行動に適用することが可能であると考えている。子育てコンシェルジュの適切なマネジメント行動を引き出し維持するのが実践モデルという環境になる。適切な援助行動が出やすくするように実践モデルをデザインする必要があると、筆者らは考えている。筆者らの子育て支援コーディネート実践モデルは、ICT を活用したナビゲーション・システムとすることによって、コーディネーターがこのシステムを利用すると、適切なアセスメントや援助計画の作成・実行といった行動が現れやすくなるのである。

　本書で示すように、ソーシャルワークとしての子育て支援コーディネート実践モデルの開発は、フェーズⅢにあるが、今後さらに叩き台を試行、評価、改良を繰り返し、完成した実践モデルを宣伝・普及するフェーズⅣへと進むことになる。そして、実践モデルが広く活用されるようになれば開発は終了することになるのであるが、変化する社会情勢や法制度は、実践モデルのアップデートを要求する。この意味において、一つの実践モデルの開発は終わりがないと言える。

第4章
子育て支援総合コーディネートの実態調査[※]

1 調査の目的

　本章では、「フェーズⅠ問題の把握と分析」として、子育て支援総合コーディネートの実態調査を行うことを目的とし、その調査方法と結果について詳述する。

　子育て支援総合コーディネートの実態に関する調査は、これまで実施されておらず、その実態は「第1章　子育て支援コーディネートとは」で述べた部分的な資料を用いてしか論じることができていない。

　そこで、1）子育て支援総合コーディネート実践の実態を把握すること、2）子育て支援総合コーディネートがうまくいくためには、ソーシャルワークに基づいた援助を行う必要があることを明らかにするために子育て支援総合コーディネートの実態調査を行うことにした。

　なお、本書では、子ども・子育て新システムにおいて「子育て支援コーデ

[※]本章の一部は、平田祐子・芝野松次郎・小野セレスタ摩耶（2012）「子育て支援総合コーディネーターの「力量」に関する研究」『子ども家庭福祉学』（12）、93-105. および、平田祐子（2013）『ケースマネジメントとしての子育て支援総合コーディネートの推進要因と課題の検証』（関西学院大学博士学位論文）を大幅に加筆・修正したものである。

ィネート」という用語を使用しているため、それに準じて、過去の事業等の説明をする場合などを除いて「子育て支援コーディネート」という用語を使用している。実態調査を実施した2010（平成22）年当時は、「子育て支援総合コーディネート」という用語が使用されており（内閣府 2010 a）、調査は「子育て支援総合コーディネートの実態調査」として実施した。そのため、調査結果について正しく記すためにも、第4章の調査に関する記述においては、過去の事業等の説明の箇所と同じように、調査当時に使用されていた「子育て支援総合コーディネート」という用語を用いて説明する。また、「子育て支援総合コーディネート」を「コーディネート」、「子育て支援総合コーディネーター」を「コーディネーター」と記す場合もある。

2　調査の方法

1）ブレインストーミングの実施

　子育て支援総合コーディネートについて、具体的に何を行うものなのかが理論的に明確でないため、2010（平成22）年7月に子育て支援総合コーディネートに関わるエキスパートを含む実践家および研究者（以下、必要な場合を除いて「エキスパートら」と記す）に協力を得て、ブレインストーミングを実施し、子育て支援総合コーディネートがうまくいくために必要であると考えられる項目の抽出を行った。

　ブレインストーミングのメンバーは、子育て支援実践または子育て支援総合コーディネーター研修に携わっている大学教員4名、西宮市の子育て支援担当部局の職員1名、子育て支援現場で実践活動をしている博士課程前期課程の大学院生および博士課程後期課程の大学院生の7名（所属は2010（平成22）年7月現在）であり、子育て支援総合コーディネートのエキスパートらで構成されている。

　ブレインストーミングの手順は以下のとおりである。

(1) ブレインストーミングの目的の説明

ブレインストーミングの目的は、「子育て支援総合コーディネートが円滑に機能するために必要または重要であると考えられる要因を抽出すること」である旨を伝えた。

(2) 手順の説明

多角的に子育て支援総合コーディネートに必要な要因を明らかにするため、2つの実態調査を実施することとした。1) 子育て支援総合コーディネートの業務を管轄する事務方の子育て支援担当部局職員(以下、「市区町担当者」と記す)への実態調査、2) 実際に子育て支援総合コーディネート実践を担っている現場の子育て支援総合コーディネーター(以下、「コーディネーター」と記す)への実態調査である。従って、実態調査のための質問紙は「市区町担当者用」(市区町担当者への実態調査に関する質問紙)と「コーディネーター用」(コーディネーターへの実態調査に関する質問紙)の2種類を想定し、2回のブレインストーミングを行う。

注意点として、「一つの内容に対して1枚のカードを使用すること」、「すべて名詞形として記述」し、ブレインストーミングのルールである「自己検閲をしない」、すなわち、自由な発想抽出を心がけ、この段階で内容についての判断はしないこととした。

(3) 重要な用語の説明

共通認識しておきたい以下の重要な用語の説明を行った。

1) 子育て支援総合コーディネート事業

2003(平成15)年に厚生労働省で国庫補助化された事業であり、現在は交付税化されている。法的根拠として児童福祉法の第二十一条の十一に子育て支援総合コーディネートを市町村が担うことが明記されている。また、2010(平成22)年1月29日に策定された「子ども・子育てビジョン」にも、子育て支援総合コーディネート事業が改めて重要な事業として取り上げられている。

2）子育て支援総合コーディネーター

子育て支援総合コーディネートを実践する専門のスタッフ（専門職）を指す。「子育て相談」のように、実際の子育てに関する悩みに対する助言の仕事のみではなく、「子育て支援サービスと利用者をつなげるための子育て支援総合コーディネートを担う人」を指す。

3）独立変数

本書で使用する「独立変数」とは、子育て支援総合コーディネートがうまくいくために必要であると考えられる項目やその項目からなる要因（因子）のことである。

4）従属変数

本書で使用する「従属変数」とは、子育て支援総合コーディネートがうまくいっているのかを直接問う項目である。

(4) ブレインストーミングのプロセス

まず、第1回目のブレインストーミングとして、「市区町担当者用」の調整（各自カードへの書き出し、重複調整）を行い（約20分）、カテゴリー化（親和性による分類・ネーミングとそのまとまりごとの関係）（約40分）を行った。カテゴリー間の関係は時間の都合上、模造紙の上で各カテゴリーの距離を示すに留めた。その後、休憩を挟んで第2回目のブレインストーミングとして、「コーディネーター用」の調整（約20分）とカテゴリー化（約40分）を行った。

ブレインストーミングでは、調整の段階から、メンバーの許可を得て音声の録音を行った。

2）項目およびカテゴリーの精緻化

後日、ブレインストーミングの結果をもとに、カテゴリー化および項目の精緻化を行った。作業は本書の筆者3名で行った。

(1)「市区町担当者用」項目精緻化作業

　まず、同じ意味を示すカードをひとつにまとめた。ブレインストーミングで記述されたカードの中には、内容の意図が汲み取りにくいものがあったため、わかりやすい表現に修正した。

　また、表現の中に肯定的表現による項目と否定的表現による表記が混在していた。否定的表現は、ブレインストーミングでのカテゴリー化作業で「問題」とネーミング・分類されていたが、質問紙作成の意図が「子育て支援総合コーディネートがうまくいくための要因」を明らかにすることであるため、分類方法を改める必要があった。そこで、問題の要因を抽出するために、ブレインストーミングで挙げられた項目をすべて肯定的表現に変更した。たとえば、「仕事への評価が低いこと」を「仕事に対する評価」とした。

　さらに、ブレインストーミングで作成したカテゴリーの名称について、真にそれらの項目を表すカテゴリーの名称になっているかを再度検討した。また、カテゴリーに含まれる項目を吟味し、必要な場合は他カテゴリーへ項目の移動を行った。

　そうして整理されたカテゴリーをみると、「情報収集」「アセスメント」「記録」といったようにソーシャルワークに関するカテゴリーが抽出され、子育て支援総合コーディネートがソーシャルワークと関連があることが示唆された。また、「人間関係」「人柄」「知識」といった、ソーシャルワークに特化しないようなコーディネーターの専門性と考えられるカテゴリーも抽出された。最後に、「組織」「人材育成の研修」「予算」などコーディネーターの置かれる環境に関するカテゴリーが抽出された。そこで、カテゴリーよりもひとつ上の次元とする大カテゴリーの作成を試みた。大カテゴリーは「コーディネーターに求められる力量」「コーディネートを円滑に行うために必要な環境」の2つとした。

(2)「コーディネーター用」項目精緻化作業

　まず、「市区町担当者用」項目精緻化作業と同じように、同じ意味を示すカードをひとつにまとめた。そして、ブレインストーミングで記述された表現の中に内容の意図が汲み取りにくいものがあったため、わかりやすい表現

に修正した。次に、「コーディネーター用」ブレインストーミングの項目でも表現の中に肯定的表現と否定的表現が混在していたため、すべて肯定的表現に統一した。

ブレインストーミングで作成したカテゴリーの名称について、真にそれらの項目を表すカテゴリーの名称になっているかを確認した。また、そのカテゴリーにふさわしくない項目が含まれていないかをチェックし、必要があれば他のカテゴリーに移動させた。

カテゴリー名について、「市区町担当者用」と表現が統一できると考えられる場合、表現の統一を試みた。結果、カテゴリー名は「市区町担当者用」と同一になり、大カテゴリーもまとめることが可能となった。

(3) 「市区町担当者用」項目と「コーディネーター用」項目の統一作業

ブレインストーミング以前の段階では、市区町担当者とコーディネーターが抱える子育て支援総合コーディネートに関する問題は異なると予測されていた。しかし、双方の立場の違いはあっても、ブレインストーミング後の精緻化作業の結果、「市区町担当者用」と「コーディネーター用」で抽出された大カテゴリーおよびカテゴリーはほぼ同一となった。従って、「市区町担当者用」の項目と「コーディネーター用」の項目をひとつにまとめ、ブレインストーミングによる子育て支援総合コーディネートに必要または重要な質問項目の案としてまとめた。こうした項目群はコーディネートの推進に影響する独立変数である。

(4) ソーシャルワークに関する項目の補強

ブレインストーミングおよび精緻化による作業の中で、コーディネーターに必要または重要であると考えられる要因の項目が、ソーシャルワーク援助技術の過程と近似していた。つまり、エキスパートらによるブレインストーミングの結果、子育て支援総合コーディネートにはソーシャルワークの機能が求められていることが示唆された。

そこで、ソーシャルワーク援助技術に基づいて、項目の理論的補強を行った。項目の追加にあたっては、カテゴリーをケースマネジメントの手順に従

って並び替え、その中の項目をチェックし、補強の必要性が感じられる事項を筆者3名で確認して追加した。

3）質問項目作成；独立変数

(1) 項目作成
　子育て支援総合コーディネートがうまくいくために必要な項目は、ブレインストーミングとその後の精緻化によって行った（資料1、資料2）。

(2) 質問項目に対する教示の仕方の検討
　本研究で用いた質問紙は、これらの項目について、1）現状でどれくらいできているか（以下、「現状」）、2）どれくらい市区町として重要と考えるか（以下、「考え」）の2側面からたずねる質問によって主に構成されることになる。回答は、1）現状では、「まったく（実施）できていない（1）〜十分（実施）できている（10）」の10件法とし、もっともあてはまると思う数字にチェックしてもらうこととした。ただし、「現状」がどうしてもわからないときのみ「わからない（0）」にチェックをしてもらうこととした。2）「考え」では、「まったく重要でない（1）〜最も重要である（10）」の10件法で、もっともあてはまると思う数字にチェックしてもらうこととした。「考え」なので「わからない」という選択肢は設けなかった。

　10件法を用いたのは、一般に7件法以上であれば順序尺度ではなく、間隔尺度とみなしてよいとされており（吉野・山岸・千野 2007）、回答者によって直感的に点数をつけやすいと考えたからである。また、本調査では、同じ質問に対して「現状」と「考え」の2側面での回答を求めている。「現状」は、子育て支援総合コーディネート提供の「実態」を把握するために質問することとした。「考え」は、文献研究から各市区町において子育て支援コーディネートが十分に提供されていない可能性が明らかとなったため、その原因が「考え」として重要性が認識されていないからなのか、あるいは重要性は認識されているものの他の要因があるから提供されていないのかを明らか

にするために合わせて質問することとした。

4) 質問紙項目作成；従属変数

　本来、子育て支援総合コーディネートが円滑に実施されていることを示す従属変数は、住民からの事業評価をもって行う必要がある（小野 2011）。しかし、子育て支援総合コーディネートがうまくいっていることを別途利用者に評価してもらうことは困難であるため、回答者には「現状に対して『住民』がどう考えているかを想定して」答えてもらうこととした。

（1）項目作成
　コーディネートが円滑に実施されていることを示すと考えられる項目を4項目用意した（資料1、資料2）。

（2）質問項目に対する教示の仕方の検討
　教示については、「現状に対して貴市区町の『住民』がどう考えているかを想定して1「全く」そう思わないから10「十分」そう思う、までの10段階でお答えください」とした。従属変数も独立変数と同様の理由で、10件法を採用した。

5) 質問紙項目作成；属性

　属性については、市区町担当者とコーディネーターそれぞれの立場別に内容を作成した。それぞれの質問内容を以下に記す。

（1）市区町担当者用
　市区町担当者に対し、都道府県名、市区町の区分、市区町の人口、世帯数および18歳未満人口、質問紙に答えた方の性別、担当部署名、職位、その

部署に着任してからの年数、子ども関係の部署に着任してからの年数、コーディネート事業の実施状況、コーディネート事業が発展していくために必要と考えられる要因、今後コーディネート事業の実施の方向性、について質問した。

　追加して、コーディネーターもしくはコーディネーターに準ずる方がいる場合は、コーディネーターの人数、配置場所、市区町の直営か委託か、次世代育成支援行動計画に対する位置付、本年度の事業予算、予算増額の予定の有無、現在の実施の方向性、を質問した。

(2) コーディネーター用

　コーディネーターに対し、都道府県名、市区町の区分、質問紙に答えた方の性別、コーディネーターとしてのキャリア年数、所持されている免許・資格、雇用形態、週当たりの平均出勤日数および一日あたりの勤務時間、コーディネーターとしての月収、勤務場所の名称、職場のコーディネーターの人数、一日に受け持つケース数の平均、子育て経験の有無、以前に就いていた職業、を質問した。

6) 質問紙項目作成；その他

　最後に、質問紙では示せないような幅広い内容の意見を得るために自由記述欄を設けた。自由記述欄には「本質問紙、子育て支援総合コーディネート事業について等、何でも結構です。ご意見等ございましたらお書きください。」と記した。

7) 質問紙の体裁

(1) 質問紙の表紙の作成
　質問内容が揃ったところで、質問紙の表紙を作成した。表紙には、調査目

的、守秘義務など倫理的配慮について、答え方、返却方法、返却期限について示した。その上で、質問がある場合の連絡先を記載した。

また、「子育て支援総合コーディネート」がどのようなサービスを指すのか、回答者間でイメージが異なることが懸念されたため、表紙の次のページに児童福祉法第二十一の十一を引用し、「コーディネーター」という名称がついていなくても、その役割を担っている人がいれば、その人を想定して答えてもらうようお願いした。そして、本調査における子育て支援総合コーディネートの定義を「各子ども家庭の複雑な支援ニーズを見極め、必要とする子育て支援サービスを利用できるよう、相談に応じ、助言し、サービスにつなぐこと。また、必要なサービスがなければサービスを開発したり、サービス提供機関に働きかけたり、自ら必要とされているサービスの役割を担うなど、利用者が適切な子育て支援環境を得られることに責任を負う」と記した。

(2) 質問紙（案）作成

これまでの過程で作成した質問内容の案をもとに、体裁を整え、質問紙（案）を作成した。その質問紙（案）に対して、ブレインストーミングで協力を得た4名（質問紙作成精緻化作業に携わっていない残りのメンバー）と実際に子育て支援総合コーディネートを担っている子育て支援現場の職員1名の計5名に、質問紙の内容のチェックをしてもらった。答えにくい箇所やわかりにくい表現を修正してもらい、質問紙（案）を返却してもらった。指摘があった箇所について質問紙作成段階まで携わった本書の筆者3名で内容の検討をし、修正の必要があると判断した箇所については修正を行い、質問紙内容を確定した。

(3) 質問紙完成

修正した質問紙の体裁を再度整え、印刷会社に校正・印刷の依頼をした。質問紙は、「市区町担当者用」、「コーディネーター用」の2種類があり、同時に送付する。従って、どちらの質問紙か区別しやすいように、「市区町担当者用」をブルー、「コーディネーター用」をピンクの紙で印刷した。

8）実態調査の実施

(1) 実施内容

　全国市区町 1717 件（村は除く、2010（平成 22）年 7 月 29 日現在）を対象に質問紙調査を実施した。区に関しては、東京都のすべての特別区および政令指定都市（2010（平成 22）年 4 月現在 19 市）のすべての行政区に質問紙を配布した。なお、区を管轄している市（政令指定都市）には、質問紙が二重に配布されることになるため、配布しないこととした。村は、基礎自治体の中でも規模が小さく、子育て支援総合コーディネートを行うのに十分な規模ではないことが考えられるため、本調査からは除くこととした。

　質問紙は「市区町担当者用」と「コーディネーター用」の 2 種類を作成したが、両質問紙ともに、一括して市区町の子育て支援担当部局宛に送付した。

(2) 回答の仕方について

　質問紙セットには「市区町担当者用セット」と「コーディネーター用セット」の各 1 セットが入っているため、各市区町子育て支援担当部局では、受け取った封筒を開封後、まずは「市区町担当者用セット」に挿入されているアンケートに答えてもらう。

　また、各市区町子育て支援担当部局で、子育て支援総合コーディネート事業の実施の如何にかかわらず、「コーディネートをしている人がいる」、「コーディネーターがいる」と判断した場合、子育て支援担当部局職員からその市区町のコーディネーターに「コーディネーター用セット」（質問紙）一式を渡してもらうようお願いした。

1)「市区町担当者用セット」
　① 質問紙回答のお願い（表）本研究で考える子育て支援総合コーディネート（裏）（1 部、ブルー）
　② 「市区町担当者用」質問紙用紙 20 P（1 部、ブルー）

③ 「市区町担当者用」質問紙返信用封筒（1部、ブルー）
④ 回答用ボールペン
⑤ ファイル（①～④をセットとして挟み込むためのもの）（1部、ブルー）
2）「コーディネーター用セット」
⑥ 質問紙回答のお願い（表）本研究で考える子育て支援総合コーディネート（裏）（1部、ピンク）
⑦ 「コーディネーター用」質問紙用紙19P（1部、ピンク）
⑧ 「コーディネーター用」質問紙返信用封筒（1部、ピンク）
⑨ 回答用ボールペン
⑩ ファイル（⑤～⑨をセットとして挟み込むためのもの）（1部、ピンク）

(3) 調査期間

2010（平成22）年11月18日～2011（平成23）年1月20日。2010（平成22）年11月18日にアンケート郵送手続きをした。2011（平成23）年1月20日までに関西学院大学人間福祉学部芝野研究室宛に届いた質問紙を本研究の分析に使用する。

(4) 倫理的配慮

調査結果は統計的に処理され、個別の市区町が特定できる情報は公開しないことを明記した。収集したデータの取り扱いには細心の注意を払った。

3　調査の結果と考察

実態調査の結果について述べる。

「1）子育て支援総合コーディネートの実態」では、(1) 回収率、(2) 市区町担当者用質問紙の調査対象の属性、(3) コーディネーター用質問紙の調査対象の属性、(4) 市区町の「子育て支援総合コーディネート事業」実施状況の記述統計について記す。

「2）多変量解析を用いた子育て支援総合コーディネートの円滑な推進に影

響を与える要因の検討」では、(1)「コーディネーターに求められる力量」の因子構造（市区町担当者用）、(2) コーディネートを円滑に行うために必要な環境の因子構造（市区町担当者用）、(3)「コーディネーターに求められる力量」の因子構造（コーディネーター用）、(4) コーディネートを円滑に行うために必要な環境の因子構造（コーディネーター用）、(5) 探索的因子分析のまとめ、(6)「コーディネーターに求められる力量」の要因（独立変数）と「コーディネートを円滑に行うために必要な環境」の要因（独立変数）が「コーディネートがうまくいっている」（従属変数）に与える影響について（市区町担当者用）、(7)「コーディネーターに求められる力量」の要因（独立変数）が「コーディネートがうまくいっている」（従属変数）に与える影響について（コーディネーター用）、(8) 重回帰分析のまとめ、(9) 子育て支援総合コーディネーターの属性とコーディネーターに必要な「力量」に関する要因の関係、(10) 一元配置分散分析のまとめ、について順に記す。

　本書で使用する「独立変数」とは、子育て支援総合コーディネートがうまくいくために必要であると考えられる項目やその項目から成る要因（因子）を指し、「従属変数」とは、子育て支援総合コーディネートがうまくいっているのかを直接問う質問項目を指す。

1) 子育て支援総合コーディネートの実態

(1) 回収率

　質問紙の回収率は、「市区町担当者用」の回収率が50.8%（873件）、「コーディネーター用」の回収率が13.6%（234件）であり、「コーディネーター用」の回収率が著しく低い結果となった。「コーディネーター用」は、「市区町担当者用」に同封して子育て支援担当部局に送り、子育て支援総合コーディネーター（もしくは子育て支援総合コーディネーターと同等の役割を担っている人）が市区町にいれば、市区町担当者からコーディネーターに「コーディネーター用」質問紙を配布してもらうようにお願いした。また、本調

表 4-1 市区町担当者用都道府県別回収率

	配布数	返却数	回収率
北海道	173	98	56.6%
青森県	32	21	65.6%
岩手県	29	17	58.6%
宮城県	38	17	44.7%
秋田県	22	12	54.5%
山形県	32	16	50.0%
福島県	44	21	47.7%
茨城県	42	21	50.0%
栃木県	27	18	66.7%
群馬県	27	15	55.6%
埼玉県	72	35	48.6%
千葉県	58	33	56.9%
東京都	54	32	59.3%
神奈川県	57	22	38.6%
新潟県	33	23	69.7%
富山県	14	8	57.1%
石川県	19	10	52.6%
福井県	17	5	29.4%
山梨県	21	8	38.1%
長野県	42	26	61.9%
岐阜県	40	25	62.5%
静岡県	43	24	55.8%
愛知県	70	41	58.6%
三重県	29	14	48.3%
滋賀県	19	10	52.6%
京都府	35	6	17.1%
大阪府	71	34	47.9%
兵庫県	49	23	46.9%
奈良県	27	14	51.9%
和歌山県	29	11	37.9%
鳥取県	18	11	61.1%
島根県	20	9	45.0%
岡山県	28	20	71.4%
広島県	30	10	33.3%
山口県	19	8	42.1%
徳島県	23	14	60.9%
香川県	17	6	35.3%
愛媛県	20	13	65.0%
高知県	28	10	35.7%
福岡県	70	31	44.3%
佐賀県	20	7	35.0%
長崎県	21	14	66.7%
熊本県	37	19	51.4%
大分県	17	6	35.3%
宮崎県	23	12	52.2%
鹿児島県	39	14	35.9%
沖縄県	22	8	36.4%
無記入	0	1	－
合計	1717	873	50.8%

表 4-2 コーディネーター用都道府県別回収率

	配布数	返却数	回収率
北海道	173	17	9.8%
青森県	32	2	6.3%
岩手県	29	7	24.1%
宮城県	38	1	2.6%
秋田県	22	1	4.5%
山形県	32	0	0.0%
福島県	44	2	4.5%
宮城県	42	5	11.9%
栃木県	27	3	11.1%
群馬県	27	4	14.8%
埼玉県	72	15	20.8%
千葉県	58	12	20.7%
東京都	54	15	27.8%
神奈川県	57	8	14.0%
新潟県	33	2	6.1%
富山県	14	2	14.3%
石川県	19	8	42.1%
福井県	17	2	11.8%
山梨県	21	4	19.0%
長野県	42	6	14.3%
岐阜県	40	6	15.0%
静岡県	43	3	7.0%
愛知県	70	15	21.4%
三重県	29	3	10.3%
滋賀県	19	7	36.8%
京都府	35	2	5.7%
大阪府	71	17	23.9%
兵庫県	49	8	16.3%
奈良県	27	2	7.4%
和歌山県	29	6	20.7%
鳥取県	18	4	22.2%
島根県	20	4	20.0%
岡山県	28	4	14.3%
広島県	30	2	6.7%
山口県	19	2	10.5%
徳島県	23	4	17.4%
香川県	17	1	5.9%
愛媛県	20	2	10.0%
高知県	28	2	7.1%
福岡県	70	9	12.9%
佐賀県	20	1	5.0%
長崎県	21	4	19.0%
熊本県	37	6	16.2%
大分県	17	1	5.9%
宮崎県	23	3	13.0%
鹿児島県	39	0	0.0%
沖縄県	22	0	0.0%
合計	1717	234	13.6%

査では、コーディネーターがいない場合は、「市区町担当者用」と一緒に無記入のまま「コーディネーター用」を返却してもらうようにした。その結果、記入された質問紙とは別に、無記入のまま「市区町担当者用」と一緒に回収された「コーディネーター用」質問紙が上記の回収率と回収数とは別に414件（24.1％）あった。したがって、「コーディネーター用」の回収率が低い理由は、市区町にコーディネーターにあたる人がいない場合が多いことを示していると言える。

都道府県別の回収率は表4-1、表4-2の通りである。表4-2の「コーディネーター用」の都道府県別回収率をみると、石川県の回収率が突出している（平均回収率13.6％に対し、石川県の回収率は42.1％）。

石川県は、地域や家庭の子育て力の低下や育児負担感、不安感の高まりを受け、2005（平成17）年10月より、保育所を子育て支援拠点と位置付け、「マイ保育園制度」を実施している（少子化対策特別部会2009）。「子育て支援コーディネーター」という用語はもともとマイ保育園制度で使用されていた用語であり（子育て支援総合コーディネーターは子育て支援総合コーディネート事業で使用されていた用語）、子育て支援総合コーディネートとマイ保育園制度は類似事業にあたる。そのため、石川県にはコーディネーターにあたる人材が他の都道府県よりも配置されていたために回収率が高い結果となったとみられる。

(2) 市区町担当者用質問紙の調査対象の属性

1) 市区町の分類と人口規模

回答者の市区町の属性について尋ねた。その結果、中核市が3.7％（32件）、中核市以外の市が48.9％（427件）、東京23区が1.5％（13件）、東京23区以外の区が3.7％（32件）、町が41.9％（366件）であり、市と町の回答を合わせて約90％を占めている（図4-1）。

また、市区町の人口規模についても尋ねた。その結果、10万人未満の市区町が約74％を占めた。市区町の人口規模については図4-2のとおりである。

人口の平均は87,676人、平均世帯数は36,482世帯、18歳未満人口の平均

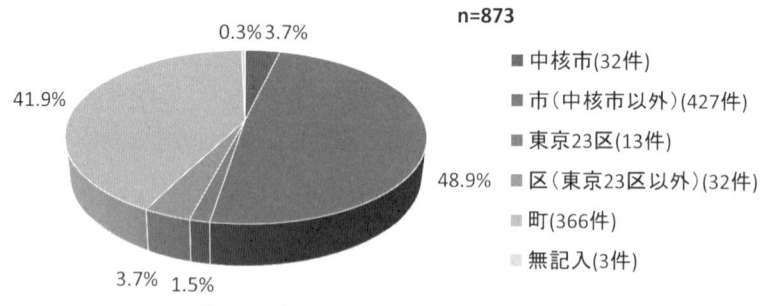

図4-1 市区町の分類（市区町担当者用）

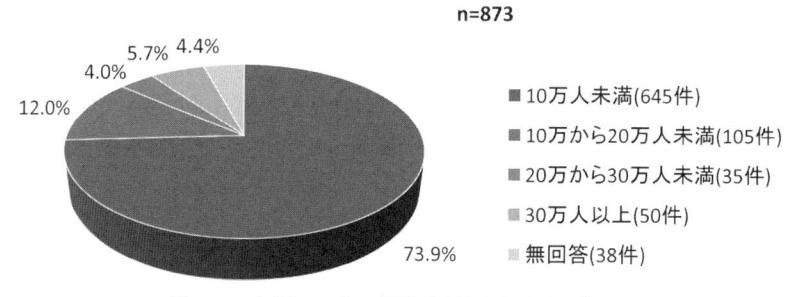

n=873
- 中核市(32件)
- 市（中核市以外）(427件)
- 東京23区(13件)
- 区（東京23区以外）(32件)
- 町(366件)
- 無記入(3件)

図4-2 市区町の人口規模（市区町担当者用）

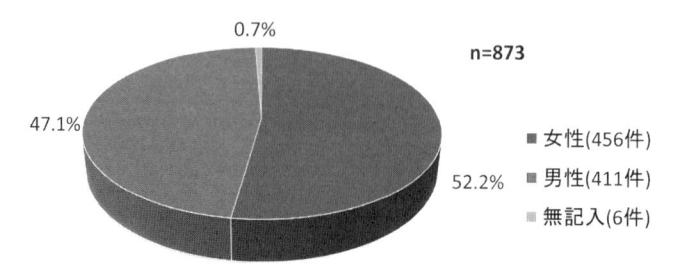

n=873
- 10万人未満(645件)
- 10万から20万人未満(105件)
- 20万から30万人未満(35件)
- 30万人以上(50件)
- 無回答(38件)

図4-3 回答者の性別（市区町担当者用）

n=873
- 女性(456件)
- 男性(411件)
- 無記入(6件)

は14,354人であった。

2）回答者の属性

　市区町担当者用質問紙に回答した人の性別は女性が47.1％（456件）、男性が52.2％（411件）、であった（図4-3）。また、回答者は今の部署に来て平均3年目、子ども関係の部署に所属して平均6年目であった。

3) 子育て環境について

　市区町の住民がその市区町の子育て環境をどう考えているかについて擬似的に知るために、「現状に対して市区町住民がどう考えているかを想定して」答えてもらった。1「まったくそう思わない」～10「十分そう思う」の10件法で、あてはまると思うところにチェックを入れてもらった。

　その結果、回答者の平均値がもっとも高かった順に、「市区町の子育て支援サービスは利用しやすい」（平均6.41、標準偏差1.63）（図4-4）、「市区町の子育て支援サービスはわかりやすい」（平均6.33、標準偏差1.58）（図4-5）、「市区町の子育て支援に関する情報提供に満足している」（平均5.92、標準偏差1.65）（図4-6）、「市区町のコーディネートはうまくいっている」（平

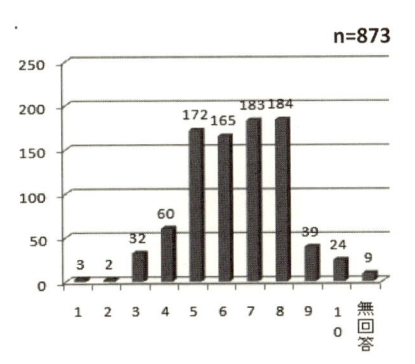

図4-4　市区町の子育て支援サービスは利用しやすい

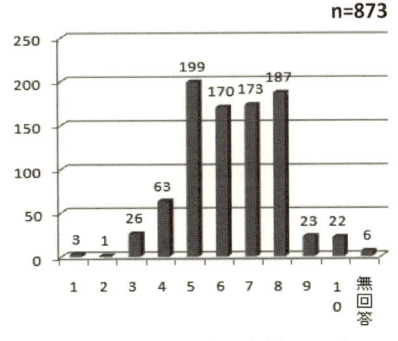

図4-5　市区町の子育て支援サービスはわかりやすい

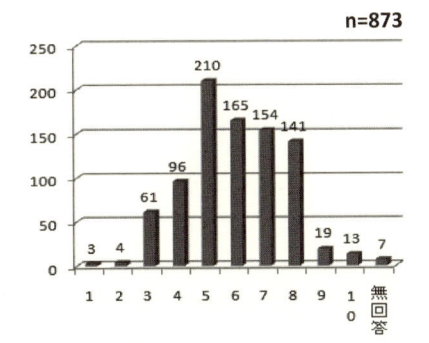

図4-6　市区町の子育て支援に関する情報提供に満足している

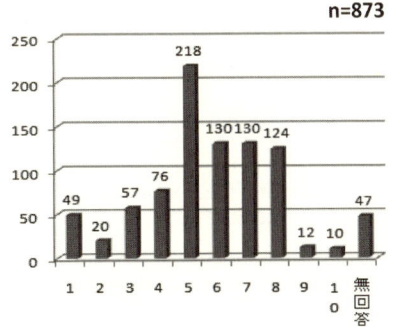

図4-7　市区町のコーディネートはうまくいっている

均5.50、標準偏差1.99）（図4-7）であり、直接コーディネートがうまくいっているかを質問した「市区町のコーディネートはうまくいっている」の平均値がもっとも低く、子育て支援総合コーディネートがうまくいくことの難しさが示された。

4）子育て支援総合コーディネート事業の実施状況について

子育て支援総合コーディネート事業の実施状況について尋ねた。

その結果、回答が多かったのは「今後の予定については未定である」（305件，34.9％）、「同名事業、類似の事業ともに一度も実施したことがない」（249件，28.5％）であり、実施していない、もしくは実施予定がない市区町が回答の約63％を占めた。

実際に現在子育て支援総合コーディネート事業を実施している市区町は46件であり、全体の5.3％にとどまった（図4-8）。法律上、子育て支援総合コーディネートを提供する義務はないが、子育て支援総合コーディネート

n=873

- 今後の予定については未定である(305件,34.9%)
- 同名の事業、類似の事業ともに一度も実施したことがない(249件,28.5%)
- 同名ではないが類似の事業を現在実施している(239件,27.4%)
- 同名の事業を現在実施している(46件,5.3%)
- 今後、同名または類似の事業を実施する予定がある(20件,2.3%)
- 同名の事業を現在実施していないが過去に実施していた(3件,0.3%)
- 類似の事業を現在実施していないが過去に実施していた(1件,0.1%)
- 無記入(10件,1.1%)

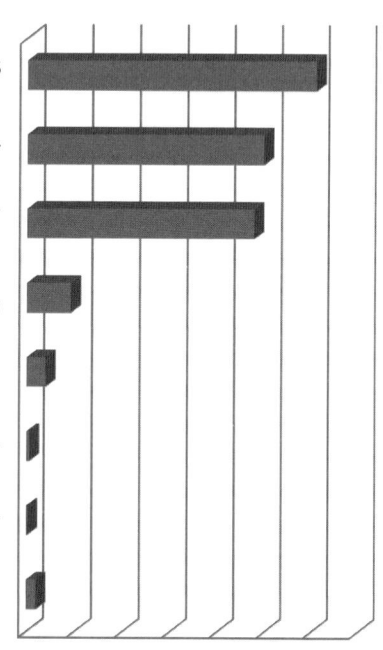

図4-8　子育て支援総合コーディネート事業の実施状況

に重点が置かれていないことが読み取れる結果となった。

5）今後、子育て支援総合コーディネートが発展していくために必要な条件

子育て支援総合コーディネートが発展していくために必要な条件について、「あてはまる」と考えるものを複数回答可で答えてもらった。もっとも多く挙げられたのは「コーディネート事業をする人員の確保」（622件）であり、次いで「市区町での予算の確保」（462件）であった（図4-9）。コーディネーターにふさわしい人材の確保や、コーディネーターの育成の機会等、人的資源に関する課題があることが示された。

6）コーディネート事業を実施している市区町のコーディネート状況

子育て支援総合コーディネート事業を実施している46件（有効回答の5.3％）の実態について尋ねた。

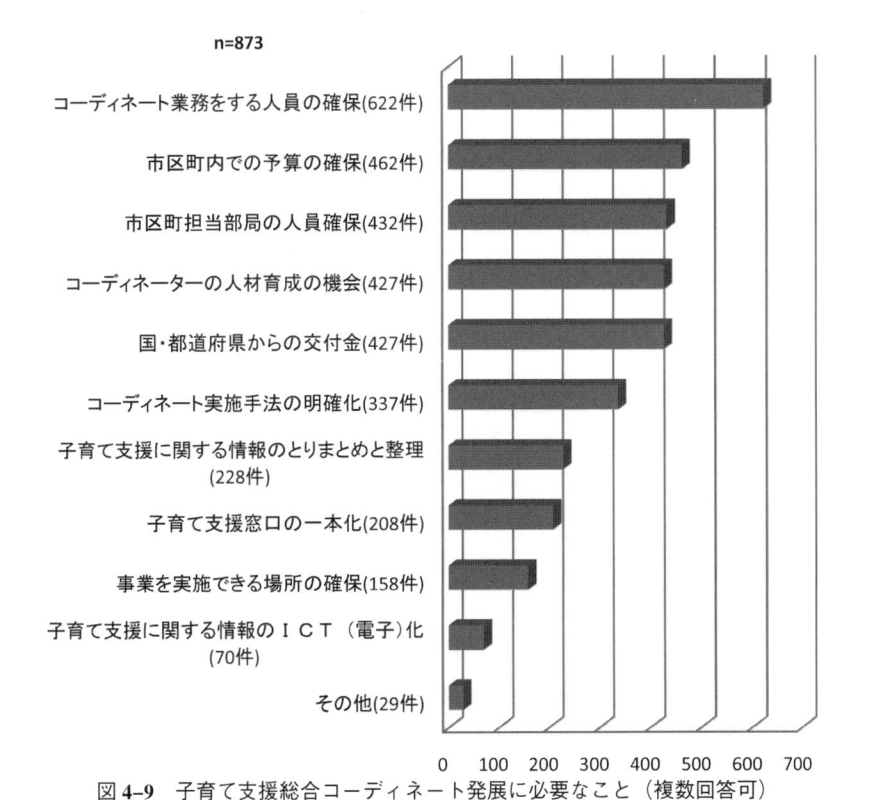

n=873

項目	件数
コーディネート業務をする人員の確保	622件
市区町内での予算の確保	462件
市区町担当部局の人員確保	432件
コーディネーターの人材育成の機会	427件
国・都道府県からの交付金	427件
コーディネート実施手法の明確化	337件
子育て支援に関する情報のとりまとめと整理	228件
子育て支援窓口の一本化	208件
事業を実施できる場所の確保	158件
子育て支援に関する情報のＩＣＴ（電子）化	70件
その他	29件

図4-9　子育て支援総合コーディネート発展に必要なこと（複数回答可）

① コーディネーターの人数

市区町の子育て支援総合コーディネーターの平均人数は3.67人であった。ただし、コーディネーターの数は市区町によってかなりばらつきがあり、回答は最少0人、最大62人であった。

② 子育て支援総合コーディネーターの設置場所

子育て支援総合コーディネーターの設置場所について尋ねた。もっともコーディネーターが置かれていた場所は「子育て支援センター」（22件）であった。また、市区町役所に置かれていることも多いようである（20件）。（図4-10）。

③ コーディネートの実施主体

子育て支援総合コーディネートの実施主体について尋ねた。

その結果、「市区町直営」（38件）、「委託」（12件）で、市区町が実際に事業を実施しているところが3分の2程度であった。また、委託している場合の委託先について尋ねたところ、「NPO」（4件）が最も多かった。

④ 次世代育成支援行動計画への位置づけ

子育て支援総合コーディネート事業を次世代育成支援行動計画に位置付けているかを尋ねたところ、1か所の市区町のみ次世代育成支援行動計画に子育て支援総合コーディネートを位置付けていなかったが、他の市区町は位置付けていた。

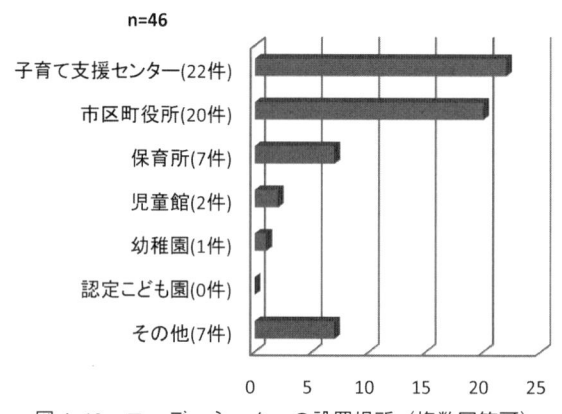

図4-10　コーディネーターの設置場所（複数回答可）

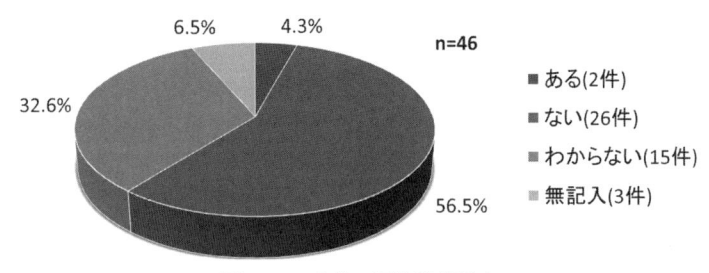

図4-11 今後の予算増額予定

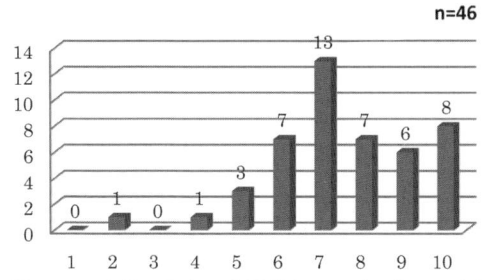

図4-12 今後の子育て支援総合コーディネート事業の方向性について

⑤ 予算について

子育て支援総合コーディネート事業の予算増額予定について尋ねた。その結果、「ない」(26件)と「わからない」(15件)合わせて約95%であり、ほとんどの市区町で予算の増額予定がないことが示された（図4-11）。

⑥ 今後の本事業の方向性について

今後、本事業にどの程度力を入れていく予定があるかを尋ねた。

1「まったくそう思わない」～10「十分そう思う」の10件法で、あてはまると思うところにチェックを入れてもらった。その結果、平均値が7.48、標準偏差1.79であった（図4-12）。

7）まとめ

「市区町担当者用」の属性の単純集計の結果、子育て支援総合コーディネートを「子育て支援総合コーディネート事業」として実施している市区町は全回答の5.3%（46件）であり、ほとんどの市区町で事業として実施していないことが示された。また、子育て支援総合コーディネートが発展していく

ために必要な条件として、人的資源の育成や確保に関する項目が上位に挙がっており、実際にコーディネートを行う「子育てコンシェルジュ」の重要性が市区町担当者に認識されていることが示された。

(3) コーディネーター用質問紙の調査対象の属性
1) 市区町の分類
回答者の市区町の属性について尋ねた。結果、中核市が6.8%（16件）、中核市以外の市が56.4%（132件）、東京23区が2.1%（5件）、東京23区以外の区が4.7%（11件）、町が29.1%（68件）であり、市と町の回答を合わせて約85%を占めている（図4-13）。
2) 回答者の属性
「コーディネーター用」質問紙に回答した人の性別は女性が88.5%（207件）、男性が11.1%（26件）で、コーディネーターの多くは女性であることが示された（図4-14）。

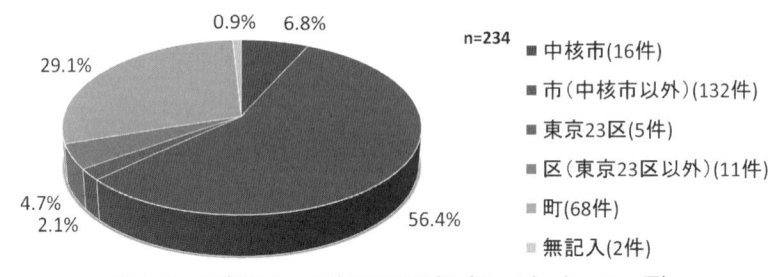

図4-13　回答のあった市区町の分類（コーディネーター用）

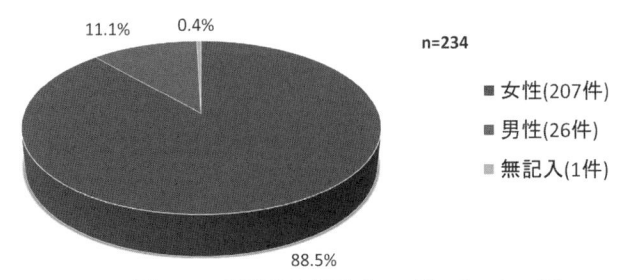

図4-14　回答者の性別（コーディネーター用）

また、コーディネーターの平均年齢は約50歳、コーディネーターとしての平均キャリアは約4年であった。コーディネーターの年齢層は高いものの、コーディネーターとしてのキャリアはそれほど長くないことが読み取れる。

3）所持している資格

所持している資格について複数回答可で尋ねたところ、保育士資格保持者（148件，63.2％）がもっとも多かった。次いで幼稚園教員免許保持者（101件，43.2％）であり、コーディネーターは保育士資格保持者や幼稚園教員免許保持者が多いことがわかった（図4-15）。一方、我が国のソーシャルワーカーの国家資格である社会福祉士資格保持者は3.4％（8件）にとどまった。

4）コーディネーターとしての雇用形態

コーディネーターとしての雇用形態を尋ねた。その結果、常勤が61.1％（143件）、非常勤が32.5％（76件）であった（図4-16）。ただし、本調査では、その市区町でもっともコーディネーターとして活躍している人1名に「コーディネーター用」に回答してもらったため、コーディネーター全体の雇用状況ではないことを断っておく。

また、「コーディネーター用」回答者の平均出勤日数は5日、一日あたり

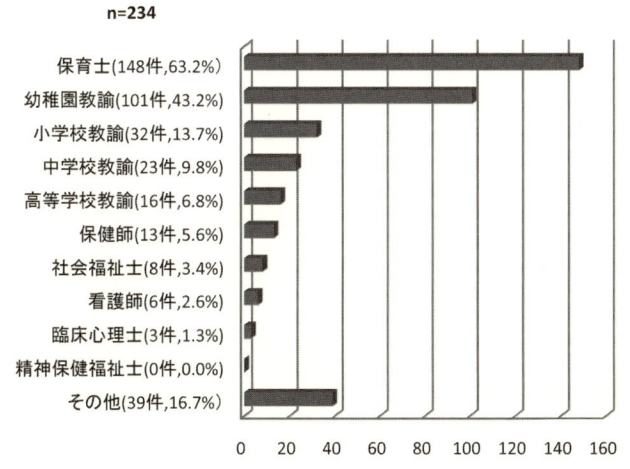

n=234

- 保育士(148件,63.2%)
- 幼稚園教諭(101件,43.2%)
- 小学校教諭(32件,13.7%)
- 中学校教諭(23件,9.8%)
- 高等学校教諭(16件,6.8%)
- 保健師(13件,5.6%)
- 社会福祉士(8件,3.4%)
- 看護師(6件,2.6%)
- 臨床心理士(3件,1.3%)
- 精神保健福祉士(0件,0.0%)
- その他(39件,16.7%)

図4-15　コーディネーターの所持している資格・免許（複数回答可）

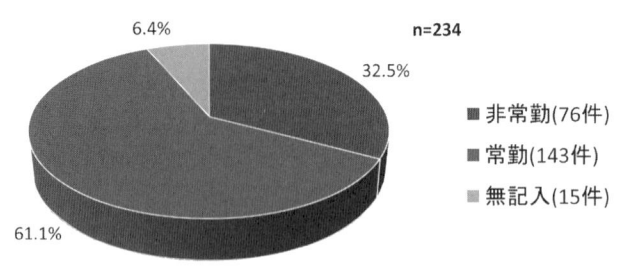

図 4-16　コーディネーターとしての雇用形態

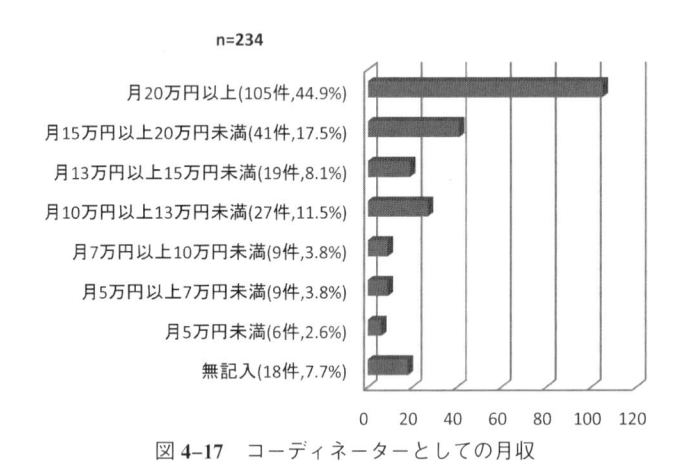

図 4-17　コーディネーターとしての月収

平均労働時間は 7.5 時間であった。回答者は常勤で働いている人が多いため、それに合わせて一日当たりの平均労働時間や労働日数も多くなっている。

5）コーディネーターとしての月収

コーディネーターとしての月収について尋ねた。

その結果、「月収 20 万円以上（105 件，44.9%）」がもっとも多く、次いで「月 15 万円以上 20 万円未満（41 件，17.5%）」であった（図 4-17）。常勤雇用者が 61.1% であるのに対して、「月収 20 万円以上」が 44.9% であるため、常勤で月収 20 万円以下の給与で働いているコーディネーターがいると推測できる。

第 4 章　子育て支援総合コーディネートの実態調査　99

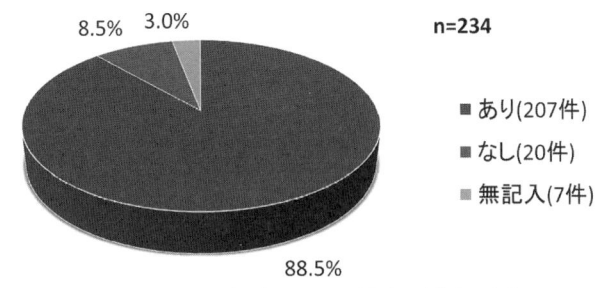

n=234

8.5%　3.0%

■ あり(207件)
■ なし(20件)
■ 無記入(7件)

88.5%

図 4-18　コーディネーターの子育て経験の有無

6）コーディネート環境

職場のコーディネーターの数について尋ねたところ、平均 4 人、1 日に 1 人が持つケース数は約 3 ケースであった。

7）コーディネーターの子育て経験

コーディネーターの子育て経験について尋ねたところ、88.5%（207 件）のコーディネーターに子育て経験があることがわかった（図 4-18）。

8）子育て環境について

コーディネーターのいる市区町の住民がその市区町の子育て環境をどう考えているかについて擬似的に知るために、「現状に対して市区町住民がどう考えているかを想定して」答えてもらった。1「まったくそう思わない」〜10「十分そう思う」の 10 件法で、あてはまると思うところにチェックを入れてもらった。

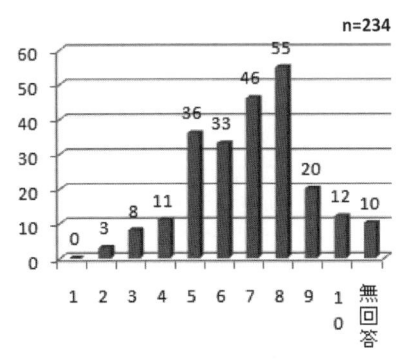

図 4-19　市区町の子育て支援サービスは利用しやすい

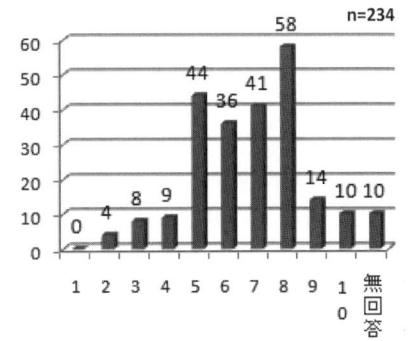

図 4-20　市区町の子育て支援サービスはわかりやすい

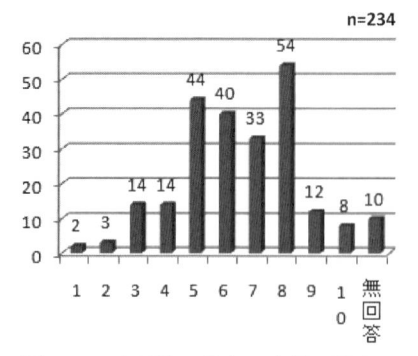

図 4-21　市区町の子育て支援に関する情報提供に満足している

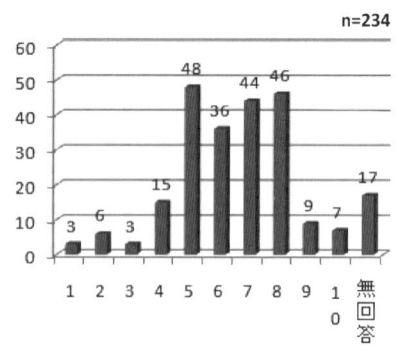

図 4-22　市区町のコーディネートはうまくいっている

　結果、回答者の平均値がもっとも高かった順に、「市区町の子育て支援サービスは利用しやすい」（平均値 6.76、標準偏差 1.78）（図 4-19）、「市区町の子育て支援サービスはわかりやすい」（平均値 6.61、標準偏差 1.76）（図 4-20）、「市区町の子育て支援に関する情報提供に満足している」（平均値 6.33、標準偏差 1.87）（図 4-21）、「市区町のコーディネートはうまくいっている」（平均値 6.30、標準偏差 1.81）（図 4-22）であった。

　「市区町担当者用」の結果と同様、直接コーディネートがうまくいっているか質問した「市区町のコーディネートはうまくいっている」の平均値がもっとも低く、コーディネートがうまくいくことの難しさが示された。

9）まとめ

　「コーディネーター用」の属性の単純集計の結果、コーディネーターは女性が大半であり、保育士資格や幼稚園教員免許をもった比較的年配の子育て経験のある人が多いことがわかった。コーディネーターとしてのキャリアはそれほど長くなく、コーディネーター独自のキャリアというよりも、いかに育児に携わった経験があるかが重要となっていると読み取れる。

　本書では、子育てコンシェルジュには高度なソーシャルワークの専門性をかねそなえた専門職が就くべきであると考えているが、実態調査の結果、我が国のソーシャルワーカーの国家資格である社会福祉士資格を保持している人はわずか 3.4% であった。

これらの結果は、子育てコンシェルジュの専門性について十分に理解されていないことを示しているといえるだろう。

(4) 市区町の「子育て支援総合コーディネート事業」実施状況の記述統計
　子育て支援総合コーディネートに関する市区町担当者の「現状」と「考え」の項目（全142項目）の平均点をランキングし、「現状」と「考え」の差が±2.5以上ある項目を取り上げた。すべての項目で「現状」よりも「考え」の方が、平均値が高かったため、「考え」から「現状」の平均値を減算した差が2.5ポイント以上ある項目を取り上げ、差の大きいものからランキングすることとした。結果は次の通りである。

1)「ソーシャルワーク援助技術」（39項目）
　ソーシャルワーク援助技術に関する項目では、39項目中「考え」と「現状」の平均値の差が2.5ポイント以上あった項目は14項目あった（表4-3）。平均の差がもっとも大きかったのは「1-27. 利用者の潜在的に持つ力を高めることができるように計画を立てる」、「1-23. どの子育て支援サービスにつなげるか援助計画をたてる」の2つで「3.03」ポイントの差であり、次に「1-24. 利用者の予算に見合ったサービス計画をたてる」（2.95ポイント）となった。
　「1-27. 利用者の潜在的に持つ力を高めることができるように計画を立てる」は、保護者や子どものアセット（潜在的な力やストレングス）を活かすというソーシャルワークにおいては欠かせない援助技術であるが、「考え」ているほど「現状」は実施できていないことが明らかとなった。しっかりとした援助を行うためには「援助計画」は必須のものであり、また利用者の実質的な利用を考えれば予算に見合ったサービス計画である必要もあるが、それらについても同様の結果であった。
　その他の項目を見てみると「1-17. コーディネートについて説明する」（2.87ポイント）や「1-19. 利用者のニーズ内容を把握する」（2.63ポイント）、「1-20. 利用者の潜在的に持っている力を把握する」（2.67ポイント）といった、援助プロセスのごく初期の段階（インテークやアセスメント）で「現状」と「考え」が一致していないことがわかる。「1-36. 利用者のサー

表4-3 「ソーシャルワーク援助技術」について差のあった項目

順位	項目	現状 n	現状 平均値	考え n	考え 平均値	考えと現状の平均値の差
第1位	1-27. 利用者の潜在的にもつ力を高めることができるような計画をたてる	619	3.61	836	6.64	3.03
第2位	1-23. どの子育て支援サービスにつなげるか援助計画をたてる	651	4.23	838	7.26	3.03
第3位	1-24. 利用者の予算に見合ったサービス計画をたてる	619	3.67	826	6.62	2.95
第4位	1-17. コーディネートについて説明する	628	3.83	828	6.7	2.87
第5位	1-39. つないだサービスが適切でなかった場合、もう一度個別情報を把握する	628	4.18	834	7.03	2.85
第6位	1-4. 幼稚園と協働する	649	4.55	808	7.36	2.81
第7位	1-18. 書面または口頭で利用者と契約をする	565	2.73	800	5.54	2.81
第8位	1-38. サービスにつないだケースのその後を把握する（フォローアップ）	639	4.34	832	7.04	2.70
第9位	1-20. 利用者が潜在的にもっている力を把握する	621	4.34	835	7.01	2.67
第10位	1-37. つないだサービスがどのように提供されているか把握する	636	4.21	834	6.88	2.67
第11位	1-19. 利用者のニーズの内容を把握する	664	5.32	840	7.95	2.63
第12位	1-2. 医療機関と協働する	670	4.11	837	6.69	2.58
第13位	1-36. 利用者のサービス利用状況を把握する（利用者のモニタリング）	640	4.16	837	6.68	2.52
第14位	1-21. 利用者のニーズに対する利用可能な家族・親戚・友人などの私的なサポートを把握する	639	4.35	838	6.86	2.51

ビス利用状況を把握する」（2.62ポイント）、「1-37. つないだサービスがどのように利用されているか把握する」（2.67ポイント）、「1-38. サービスにつないだケースのその後を把握する（フォローアップ）」（2.70ポイント）、「1-39. つないだサービスが適切でなかった場合、もう一度個別情報を把握する」（2.85ポイント）といった、コーディネートの要である「つなぐ」機能そのものや「モニタリング」・「フォローアップ」といったいずれも援助プ

ロセスの基本項目において、「考え」ているほど「現状」には実施できてないことが明らかとなった。

「1-4. 幼稚園と協働する」(2.81 ポイント)、「1-2. 医療機関と協働する」(2.58 ポイント) といった他機関・他職種との「協働」について、また、「1-18. 書面または口頭で利用者と契約をする」(2.81 ポイント) といった利用契約、「1-21. 利用者のニーズに対する利用可能な家族・親戚・友人などの私的なサポートを把握する」(2.51 ポイント) といったインフォーマルサポートの把握といった項目についても、2.5 ポイント以上の差があることが明らかとなった。

2)「コーディネートする力」(52 項目)

次にコーディネーターの機能から考えて必要と思われる「コーディネートする力」(52 項目) についても同様にランキングした。「考え」と「現状」とで 2.5 ポイント以上の差があった項目は、9 項目であった(表 4-4)。

表 4-4 「コーディネートする力」について差のあった項目

順位	項目	現状 n	現状 平均値	考え n	考え 平均値	考えと現状の平均値の差
第 1 位	1-43. コーディネーターの役割を熟知する	613	5.07	835	8.08	3.01
第 2 位	1-47. コーディネートの専門性を認識する	612	4.73	834	7.74	3.01
第 3 位	1-62. ソーシャルワーカーとして十分な勤務経験がある	606	3.87	826	6.82	2.95
第 4 位	1-50. コーディネートの目的・機能を熟知する	624	4.9	836	7.84	2.94
第 5 位	1-45. 精神障害について専門的知識をもつ	658	4.69	839	7.58	2.89
第 6 位	1-90. つないだサービス提供者から実際の利用状況を問い、記録する	634	4.58	831	7.24	2.66
第 7 位	1-49. 利用者とサービスをつなぐための専門的知識と技術をもつ	650	5.21	837	7.86	2.65
第 8 位	1-46. 発達障害について専門的知識をもつ	660	5.15	837	7.78	2.63
第 9 位	1-42. 必要な法制度を理解する	654	5.54	840	8.09	2.55

「1-43. コーディネーターの役割を熟知する」、「1-47. コーディネートの専門性を認識する」は、共に「3.01」ポイントともっとも差があった。これら2つは、コーディネーターとして十分な役割を果たすために、まず知っておかなければならない基本事項であるが、「考え」ているほどには「現状」実施できていない。また「1-62. ソーシャルワーカーとして十分な勤務経験がある」（2.95ポイント）は、コーディネート機能を十分発揮するためには、ソーシャルワーカーとして経験を積んでいた方が望ましいと判断して作成した項目であるが、「考え」と「現状」には乖離があった。

「1-50. コーディネートの目的・機能を熟知する」（2.94ポイント）や「1-49. 利用者とサービスをつなぐための専門的知識と技術をもつ」（2.65ポイント）は第1位、第2位の項目と同様にコーディネーターとして十分な役割を果たすために必要な項目である。また、「1-45. 精神障害について専門的知識をもつ」（2.89ポイント）、「1-46. 発達障害について専門的知識をもつ」（2.63ポイント）、「1-42. 必要な法制度を理解する」（2.55ポイント）はコーディネーターとしてはもちろんであるが、ソーシャルワークを行う上でも基本的かつ重要な項目である。その他に、「1-90. つないだサービス提供者から実際の利用状況を問い、記録する」（2.66ポイント）についても差があることが明らかとなった。

3）コーディネートを円滑に行うために必要な環境（51項目）

続いてコーディネートを円滑に行うために必要な環境（51項目）について同様にランキングしたところ、39項目について2.5ポイント以上の差があった（表4-5、表4-6）。

もっとも差の大きかった項目は「2-50. コーディネートの手引き・ガイドラインがある」（4.61ポイント）であり、これは全142項目でもっとも大きな差であった。続いて「2-51. 利用者がコーディネートを評価する」（4.40ポイント）、「2-28. コーディネーターの人材育成費用を確保する」（4.04ポイント）となっている。「2-51. 利用者がコーディネートを評価する」とは、子育て支援総合コーディネートを利用して利用者がどう感じたのかを評価する利用者評価を指しているが、利用者評価そのものの実施が子ども家庭福祉分野全体でまだあまり実施されていないことを考えると、「考え」と

「現状」の乖離もある程度納得できるものである（ただし、「考え」の回答の平均値自体もそれほど高いとは言えない）。「2-28　コーディネーターの人材育成費用を確保する」は人材育成を行うためには、費用の確保が不可欠との判断から項目化したが、近年の市区町の財政難の傾向から確保が難しい「現状」が伺える。

　「2-44．コーディネート業務のマニュアル化を図る」（4.01ポイント）、「2-45．コーディネート業務のICT化（電子化）を図る」（3.83ポイント）、「2-43．ケース記録を電子化し、蓄積（データベース化）する」（3.51ポイント）等は業務の効率化を図る上で重要な項目であるが、「考え」と「現状」で比較的大きな差があった。

　「2-41．コーディネーターの存在を市民にわかりやすく広報する」（3.81ポイント）、「2-40．コーディネート事業を子育て家庭に広報する」（3.54ポイント）、「2-33．利用者がコーディネーターと話しやすい空間設定をする」（3.32ポイント）、「2-9．子育て支援の窓口の一元化（ワンストップ）を図る」（3.22ポイント）、「2-32．コーディネーターを利用者にわかりやすい場所に配置する」（3.22ポイント）、「2-47．子育て支援サービスに関する情報のデータベース化を図る」（3.18ポイント）等は利用する側がコーディネートを利用しやすくするための項目であるが、6項目で差があることが明らかとなった。

　「2-27．コーディネート事業に対する予算措置がある」（3.65ポイント）をはじめとし、「2-35．コーディネート専任職員を確保する」（3.66ポイント）、「2-36．コーディネート専任職員を常駐する」（3.55ポイント）、「2-34．コーディネーターの適切な配置体制をとる」（3.38ポイント）、「2-25．コーディネーターの資格要件を定める」（3.24ポイント）、「2-20．一定の職位を確立する」（2.76ポイント）は、コーディネーターの人材確保に関する項目であるが、多くの項目で2.5ポイント以上の差があることが明らかとなった。

　「2-5．コーディネーターの継続的研修体制を整備する」（3.52ポイント）、「2-38．異動による引き継ぎを保障する」（3.30ポイント）、「2-6．コーディネーターが他専門職からの助言を受けることができる環境を用意する」（3.26

表4-5 「コーディネートを円滑に行うために必要な環境」について差のあった項目その1

順位	項目	現状 n	現状 平均値	考え n	考え 平均値	考えと現状の平均値の差
第1位	2-50. コーディネートの手引き・ガイドラインがある	618	2.27	818	6.88	4.61
第2位	2-51. 利用者がコーディネート事業を評価する	599	2.09	813	6.49	4.40
第3位	2-28. コーディネーターの人材育成費用を確保する	603	3.07	819	7.11	4.04
第4位	2-44. コーディネート業務のマニュアル化を図る	609	2.86	819	6.87	4.01
第5位	2-45. コーディネート業務のICT化（電子化）を図る	589	2.34	816	6.17	3.83
第6位	2-41. コーディネーターの存在を市民にわかりやすく広報する	618	3.67	822	7.48	3.81
第7位	2-29. コーディネーターの人材にふさわしい給与を保障する	563	3.36	813	7.07	3.71
第8位	2-35. コーディネート専任職員を確保する	624	3.50	820	7.16	3.66
第9位	2-27. コーディネート事業に対する予算措置がある	606	3.65	817	7.30	3.65
第10位	2-36. コーディネート専任職員を常駐する	624	3.49	818	7.04	3.55
第11位	2-40. コーディネート事業を子育て家庭に広報する	620	3.96	817	7.50	3.54
第12位	2-5. コーディネーターの継続的研修体制を整備する	606	3.50	824	7.02	3.52
第13位	2-43. ケース記録を電子化し、蓄積（データベース化）する	624	3.27	821	6.78	3.51
第14位	2-48. 市区町としてコーディネート事業の事業評価をする	595	3.33	819	6.77	3.44
第15位	2-34. コーディネーターの適切な配置体制をとる	614	3.99	819	7.37	3.38
第16位	2-33. 利用者がコーディネーターと話しやすい空間設定をする	627	4.21	818	7.53	3.32
第17位	2-38. 異動による引き継ぎを保障する	589	4.06	812	7.36	3.30
第18位	2-6. コーディネーターが他専門職からの助言を受けることができる環境を用意する	611	3.94	825	7.22	3.28
第19位	2-4. 利用者と契約を交わすための様式がある	564	2.76	806	6.02	3.26
第20位	2-25. コーディネーターの資格要件を定める	566	3.59	808	6.83	3.24

表 4-6 「コーディネートを円滑に行うために必要な環境」について差のあった項目その2

順位	項目	現状 n	現状 平均値	考え n	考え 平均値	考えと現状の平均値の差
第21位	2-9. 子育て支援の窓口の一元化(ワンストップ)を図る	636	4.25	826	7.47	3.22
第22位	2-32. コーディネーターを利用者にわかりやすい場所に配置する	630	3.99	817	7.21	3.22
第23位	2-7. 現場で必要な時に指導が受けられる	600	3.89	820	7.09	3.20
第24位	2-47. 子育て支援サービスに関する情報のデータベース化を図る	621	3.82	823	7.00	3.18
第25位	2-14. 市区町の相談機関に子育て支援事業全体を見渡し、統括できる人材がいる	622	4.64	823	7.81	3.17
第26位	2-37. コーディネーターの福利厚生を保障する	602	3.70	809	6.83	3.13
第27位	2-21. コーディネーターとしての権限を明確にする	565	3.83	814	6.92	3.09
第28位	2-18. コーディネーターとしての業務を明確にする	589	4.56	822	7.57	3.01
第29位	2-49. 相談ケースの情報を統計化する	625	4.01	823	7.01	3.00
第30位	2-30. コーディネーター専有の電話を設置する	636	3.54	818	6.46	2.92
第31位	2-22. 職場がコーディネーターの役割を理解する	589	4.59	820	7.45	2.86
第32位	2-24. 職場がコーディネーターを専門職として理解する	593	4.50	817	7.34	2.84
第33位	2-10. 市区町担当者と現場コーディネーターの意思疎通を図る	608	4.90	823	7.72	2.82
第34位	2-19. コーディネーター間の業務担当を明確にする	567	4.56	816	7.34	2.78
第35位	2-13. 行政の縦割(例えば、福祉関係の課と教育関係の課など)によって子育て支援事業を分断しないようにする	647	5.11	826	7.88	2.77
第36位	2-20. 一定の職位を確立する	551	3.87	811	6.63	2.76
第37位	2-11. コーディネート事業を市区町が責任をもって推進する	615	4.40	820	7.13	2.73
第38位	2-23. 職場がコーディネーターの仕事を重要な役割として評価する	589	4.72	819	7.44	2.72
第39位	2-39. 適切な勤務時間を確保する	611	4.72	814	7.40	2.68

ポイント）、「2-7. 現場で必要な時に指導が受けられる」（3.20 ポイント）は、コーディネーターの専門性に関わる重要な項目であるが、これらについても同様の結果であった。

次に「2-29. コーディネーターの人材にふさわしい給与を保障する」（3.71 ポイント）、「2-37. コーディネーターの福利厚生を保障する」（3.13 ポイント）、「2-39. 適切な勤務時間を確保する」（2.68 ポイント）といった、コーディネーターの労働環境に関する項目でも差があることが明らかとなった。

「2-21. コーディネーターとしての権限を明確にする」（3.09 ポイント）、「2-18. コーディネーターとしての業務を明確にする」（3.01 ポイント）、「2-19. コーディネーター間の業務担当を明確にする」（2.78 ポイント）は、コーディネーターの業務の範囲を明確するものであり、また、「2-22. 職場がコーディネーターの役割を理解する」（2.86 ポイント）、「2-24. 職場がコーディネーターを専門職として理解する」（2.84 ポイント）、「2-23. 職場がコーディネーターの仕事を重要な役割として評価する」（2.72 ポイント）は、コーディネーターの業務を行いやすくするための職場の理解に関する項目、さらに「2-14. 市区町の相談機関に子育て支援事業全体を見渡し、統括できる人材がいる」（3.17 ポイント）、「2-10. 市区町担当者と現場コーディネーターの意思疎通を図る」（2.82 ポイント）、「2-13. 行政の縦割（例えば、福祉関係の課と教育関係の課など）によって子育て支援事業を分断しないようにする」（2.76 ポイント）、「2-11. コーディネート事業を市区町が責任をもって推進する」（2.73 ポイント）は行政としての子育て支援総合コーディネート事業への取り組み姿勢を示す項目である。いずれにおいても、子育て支援総合コーディネート事業を円滑に推進していくために必要な項目の多くに、「考え」と「現状」との間に差があることが明らかとなった。

4）まとめ

142 項目のうち合計 62 項目（約 43.7％）で「考え」と「現状」の差が 2.5 ポイント以上あることが明らかとなった。「ソーシャルワーク援助技術」では、援助を行う上での基本的かつ重要な項目で差が見られた。また、「コーディネートする力」でもコーディネート機能を果たす上で基本的な事柄について差があることが明らかとなった。「コーディネートを円滑に行うために

必要な環境」では、39もの項目で2.5ポイント以上の差があった。子育て支援総合コーディネート事業そのものに対する市区町の取り組みの姿勢やコーディネーターの人材確保、研修体制、就労環境に関する項目、そして利用者が子育て支援総合コーディネート事業を利用しやすくするための環境など幅広い項目で「考え」と「現状」に差がある。

全62項目いずれも「考え」ているほどには「現状」が追い付いていないことを表している。「考え」を"理想"と考えるなら、理想と現実の間の大きな乖離が浮き彫りになった。子育て支援総合コーディネート事業の円滑な実施がいかに厳しい現状にあるかが明らかとなった。援助を行う基本的かつ重要な項目や、コーディネート機能を果たす上での基本的な事柄、そして研修体制等の項目にも差があったことは、子育て支援総合コーディネート事業を取り巻く現状の厳しさを示すものであるが、逆に言えば、本研究が果たす役割の大きさを示す結果ともいえよう。「考え」と「現状」が乖離するのには、必ずその阻害要因がある。たとえば、予算措置が取られにくいことや人材の確保ができにくいといった「現状」はそれだけで十分に円滑な実施の阻害要因であるが、本研究の推進のためには細かな要因まで検討することが必要である。

2）多変量解析を用いた子育て支援総合コーディネートの円滑な推進に影響を与える要因の検討

子育て支援総合コーディネートが円滑に実施されるために、どのような要因が影響をしているのかを明らかにするために多変量解析を用いて分析した。

具体的には、「市区町担当者用」および「コーディネーター用」質問紙の独立変数の項目それぞれに対して探索的因子分析（主因子法、バリマックス回転）を実施した（分析は「現状」と「考え」ともに行う）。また、「コーディネーターに求められる力量」と「コーディネートを円滑に行うために必要な環境」は別に因子分析を行い、因子を導き出した。そして、探索的因子分

析によって抽出された要因は、「コーディネートはうまくいっている」ことに影響しているのかを明らかにするため、重回帰分析を実施した。

さらに、独立変数の要因が「コーディネートはうまくいっている」に影響していれば、それら独立変数は、どのような属性に影響されているのか分析した。

本書では、すでに述べたように（第2章参照）、子育て支援総合コーディネートはソーシャルワーク実践であると捉えている。そのため、社会福祉士資格保持者がコーディネーターとして適していると考えるが、コーディネーターが保持している資格・免許は、保育士資格保持者63.2%、幼稚園教員免許保持者43.2%であり、社会福祉士資格保持者は3.4%にすぎない（図4-15）。現時点での方向性としては、子育て支援総合コーディネーターは保育士や幼稚園教員免許保持者が主流であると考えられる。そこで、保育士や幼稚園教員免許保持者は、「コーディネーターに必要な力量」を備えているのかを分析した。

(1)「コーディネーターに求められる力量」の因子構造（市区町担当者用）

「コーディネーターに求められる力量」に関する因子を抽出するため、「現状」と「考え」のそれぞれの回答ごとに探索的因子分析を実施した。

1)「現状」の因子分析の結果

探索的因子分析の結果、3つの因子が抽出された（資料3）。

第一因子は、「人を援助する基本的姿勢を維持する力」と名付けた。

第二因子は、「他機関・他部署と協働する力」と名付けた。

第三因子は、「計画的にマネジメントする力」と名付けた。

α 係数を用いて各因子項目の内的一貫性（信頼性）を検討した結果、「人を援助する基本的姿勢を維持する力」$\alpha = .99$、「他機関・他部署と協働する力」$\alpha = .91$、「計画的にマネジメントする力」$\alpha = .88$ と、いずれも高い信頼性を示した。

2)「考え」の因子分析の結果

探索的因子分析の結果、3つの因子が抽出された（資料4）。

第一因子は、「人を援助する基本的姿勢を維持する力」と名付けた。

第二因子は、「資源をマネジメントする力」と名付けた。

第三因子は、「他機関・他部署と協働する力」と名付けた。

α 係数を用いて各因子項目の内的一貫性を検討した結果、「人を援助する基本的姿勢を維持する力」α = .96、「資源をマネジメントする力」α = .87、「他機関・他部署と協働する力」α = .91 と、いずれも高い信頼性を示した。

「現状」の因子と「考え」の因子は、因子の項目の内容は多少異なるものの、似通った因子構造を示した。また因子名についても「人を援助する基本的姿勢を維持する力」、「(計画的に／資源を) マネジメントする力」、「他機関・他部署と協働する力」とほぼ同じ名称の因子となり、「コーディネーターに求められる力量」として 3 つの「力」が抽出された。

(2) コーディネートを円滑に行うために必要な環境の因子構造（市区町担当者用）

1)「現状」の因子分析の結果

探索的因子分析の結果、2 つの因子が抽出された（資料 5）。

第一因子は、「コーディネートサービスシステム」と名付けた。

第二因子は、「市区町としてのコーディネートサービス提供に関する取組」と名付けた。

α 係数を用いて各因子項目の内的一貫性（信頼性）を検討した結果、「コーディネートサービスシステム」α = .79、「市区町としてのコーディネートサービス提供に関する取組」α = .83 と、いずれも高い信頼性を示した。

2)「考え」の因子分析の結果

探索的因子分析の結果、因子を抽出することができなかった。

(3)「コーディネーターに求められる力量」の因子構造（コーディネーター用）

1)「現状」の因子分析の結果

探索的因子分析の結果、2 つ因子が抽出された（資料 6）。

第一因子は、「人を援助する基本的姿勢を維持する力」と名付けた。

第二因子は、「ケースマネジメント援助技術」と名付けた。

α 係数を用いて各因子項目の内的一貫性（信頼性）を検討した結果、「人

を援助する基本的姿勢を維持する力」α=.97、「ケースマネジメント援助技術」α=.94と、いずれも高い信頼性を示した。

2)「考え」の因子分析の結果

探索的因子分析の結果、2つの因子が抽出された（資料7）。

第一因子は、「人を援助する基本的姿勢を維持する力」と名付けた。

第二因子は、「ケースマネジメント援助技術」と名付けた。

α係数を用いて各因子項目の内的一貫性（信頼性）を検討した結果、「人を援助する基本的姿勢を維持する力」α=.97、「ケースマネジメント援助技術」α=.93と、いずれも高い信頼性を示した。

(4) コーディネートを円滑に行うために必要な環境の因子構造（コーディネーター用）

1)「現状」の因子分析の結果

探索的因子分析の結果、2つの因子が抽出された。しかし、因子の中身を検討した結果、意味のあるまとまりにはならなかった。

2)「考え」の因子分析の結果

探索的因子分析の結果、因子を抽出することができなかった。

(5) 探索的因子分析のまとめ

1)「コーディネーターに求められる力量」について

① 市区町担当者用

「市区町担当者用」では、「現状」、「考え」ともに3つの因子が抽出され、因子の構造も似ていた。そのため、因子名についても、「人を援助する基本的姿勢を維持する力」、「他機関・他部署と協働する力」、「計画的に／資源をマネジメントする力」とほぼ同じ名称となった。

「人を援助する基本的姿勢を維持する力」は、コーディネーター独自の専門的対人援助技術というよりは、対人援助者に共通して欠かせない「力量」が抽出されたといえる。一方、「他機関・他部署と協働する」、「計画的に／資源をマネジメントする力」については、コーディネーターの中心的な役割に関する因子であり、探索的因子分析において、ケースマネジメント援助技

術に関する要因が抽出されたと考えられる。

　② コーディネーター用

　「コーディネーター用」では、「現状」、「考え」ともに2つの因子が抽出され、因子構造も似ていた。そのため、因子名についても、「人を援助する基本的姿勢を維持する力」、「ケースマネジメント援助技術」と同じ名称となった。

　「人を援助する基本的姿勢を維持する力」については、「市区町担当者用」の「現状」、「考え」と同じような因子構造であったため、因子の名称は「市区町担当者用」とも共通とした。

　また、「ケースマネジメント援助技術」の因子は、「市区町担当者用」の「他機関・他部署と協働する」と「計画的に／資源をマネジメントする力」を一つにしたような因子構造になっており、「市区町担当者用」回答者はマネジメントと他機関・他部署との協働を別にとらえているが、「コーディネーター用」回答者はこれらを一つにとらえていると考えられる。

　このように、因子数や因子の項目の内容は多少異なったものの、「市区町担当者用」および「コーディネーター用」の分析によって、「コーディネーターに求められる力量」が抽出され、それらは同じような因子構造を示した。

 2）「コーディネートを円滑に行うために必要な環境」について

　① 市区町担当者用

　「市区町担当者用」の「現状」では、「コーディネート業務のICT化」と「市区町としてのコーディネートサービス提供に関する取組」の2つの因子が抽出された。しかし、「考え」では、うまく因子がまとまらず、因子は抽出されなかった。また、「現状」でもかろうじて因子が抽出されたものの、理論仮説で示した多くの項目は抽出された因子から落ちている。コーディネートを円滑に行うために必要な環境については、必要な要因が十分に抽出されなかった。

　② コーディネーター用

　「コーディネーター用」では、「現状」、「考え」ともにうまく因子を抽出できなかった。コーディネーターが活躍する基盤となる「コーディネートを円滑に行うために必要な環境」は重要であるものの、何が必要かについては探索的因子分析ではうまく示されなかった。

つまり、市区町担当者と同じく、コーディネーターも「コーディネートを円滑に行うために必要な環境」の重要性について十分に認識していない可能性がある。

(6)「コーディネーターに求められる力量」の要因（独立変数）と「コーディネートを円滑に行うために必要な環境」の要因（独立変数）が「コーディネートはうまくいっている」（従属変数）に与える影響について（市区町担当者用）

「コーディネートを円滑に行うために必要な環境」に関する因子を抽出できないことが多かったため、以後の「コーディネートはうまくいっている」（従属変数）に与える要因に関する分析については、「コーディネーター用」の「現状」のみ「コーディネーターに求められる力量」と「コーディネートを円滑に行うために必要な環境」の要因を独立変数として導入して分析する。それ以外の「市区町担当者用」の「考え」、「コーディネーター用」の「現状」と「考え」は、「コーディネーターに求められる力量」のみの影響について検証する。

1)「コーディネーターに求められる要因」、「コーディネートを円滑に行うために必要な環境」（現状）と従属変数の関係

「人を援助する基本的姿勢を維持する力」、「他機関・他部署と協働する力」、「計画的にマネジメントする力」、「コーディネートサービスシステム」、「市区町としてのコーディネートサービス提供に関する取組」の5つの要因の「現状」の値を強制投入法によって独立変数に投入し、「コーディネートはうまくいっている」を従属変数として投入して重回帰分析を実施した。

その結果、「計画的にマネジメントする力」と「コーディネートサービスシステム」は「コーディネートはうまくいっている」ことに影響が示されなかった。そのため、残りの「人を援助する基本的姿勢を維持する力」、「他機関・他部署と協働する力」、「市区町としてのコーディネートサービス提供に関する取組」の値を強制投入法によって独立変数に投入し、「コーディネートはうまくいっている」を従属変数として投入して、再度重回帰分析を実施

した。

その結果、有意なモデルを得ることができた（F(3,429) = 55.436, p＜0.01, 調整済み R^2 = .274）。各要因が従属変数に与える影響をみていくと、「人を援助する基本的姿勢を維持する力」（β = .167, p＜0.01）、「他機関・他部署と協働する力」（β = .228, p＜0.01）、「市区町としてのコーディネートサービス提供に関する取組」（β = .251, p＜0.01）のすべての独立変数が従属変数に有意な影響を及ぼしていることが示された（資料8）。

2)「コーディネーターに求められる要因」（考え）と従属変数の関係

「人を援助する基本的姿勢を維持する力」、「資源をマネジメントする力」、「他機関・他部署と協働する力」の3つの要因の「考え」の値を強制投入法によって独立変数に投入し、「コーディネートはうまくいっている」を従属変数として投入して重回帰分析を実施した。

その結果、有意なモデルを得ることができたが、説明力は非常に弱い結果となった（F(3,731) = 17.603, p＜0.01, R^2 = .064）。各要因が従属変数に及ぼす影響をみていくと、「人を援助する基本的姿勢を維持する力」（β = .190, p＜0.01）、「他機関・他部署と協働する力」（β = .094, p＜0.05）の2要因は非常に弱いながらも従属変数に対する影響を示したが、モデルを十分に説明できる結果は得られなかった。

(7)「コーディネーターに求められる力量」の要因（独立変数）が「コーディネートはうまくいっている」（従属変数）に与える影響について（コーディネーター用）

1)「コーディネーターに求められる要因」（現状）と従属変数の関係

「人を援助する基本的姿勢を維持する力」、「ソーシャルワーク援助技術」の2つの要因の「現状」の値を強制投入法によって独立変数に投入し、「コーディネートはうまくいっている」を従属変数として投入して重回帰分析を実施した。

その結果、有意なモデルを得ることができた（F(2,162) = 33.48, p＜0.01, 調整済み R^2 = .28）各要因が従属変数に与える影響をみると「人を援助する基本的姿勢を維持する力」（β = .35, p＜.01）、「ケースマネジメント援助技

術」（β = .31, p＜.01）と、すべての独立変数が従属変数に有意な影響を及ぼしていることが示された（資料9）。

  2）「コーディネーターに求められる要因」（考え）と従属変数の関係
  「人を援助する基本的姿勢を維持する力」、「ケースマネジメント援助技術」の2つの要因の「考え」の値を強制投入法によって独立変数に投入し、「コーディネートはうまくいっている」を従属変数として投入して重回帰分析を実施した。
  その結果、2要因の投入では有意なモデルを得ることができなかった。「人を援助する基本的姿勢を維持する力」のみを投入する単回帰分析では有意なモデルとなったが（$F_{(1,197)}$ = 5.48, p＜.05, 調整済み R^2 = .02）、説明力が非常に弱く、モデルを十分に説明できる結果は得られなかった。

(8) 重回帰分析のまとめ

  探索的因子分析で抽出された因子（要因）を独立変数とし、「コーディネートはうまくいっている」を従属変数として重回帰分析を行った。
  その結果、「市区町担当者用」の「現状」では、「コーディネーターに求められる力量」の「ケースマネジメント援助技術」と、「コーディネートを円滑に行うために必要な環境」の「コーディネートサービスシステム」がそれぞれ「コーディネートはうまくいっている」（従属変数）に、影響が示されなかった。
  重回帰分析によって影響が示されないということは、本来ならばこれらの要因が子育て支援総合コーディネートがうまくいっていることに影響を示していないと解釈できる。しかしながら、市区町担当者はソーシャルワークとして子育て支援総合コーディネートを行う必要性について、十分に認識できていないと考えられる（第1章参照）。したがって、ソーシャルワークとしての子育て支援総合コーディネートの必要性や、そのために「コーディネートを円滑に行うために必要な環境」に関する要因の影響について示すことができなかったと解釈できる。
  「コーディネーター用」の「現状」では、「コーディネートを円滑に行うために必要な環境」に関する要因が抽出できなかったために、やむを得ず「コ

ーディネーターに求められる力量」の2要因の投入のみで、重回帰分析を行った。その結果、「人を援助する基本的姿勢を維持する力」と「ケースマネジメント援助技術」の両要因とも「コーディネートはうまくいっている」に影響を示した。

「考え」については、「市区町担当者用」、「コーディネーター用」ともに重回帰分析の結果、直接「コーディネーターに求められる力量」が従属変数である「コーディネートはうまくいっている」に影響が示されなかった。これは、「考え」が直接「コーディネートはうまくいっている」に影響するのではなく、何等かの媒介要因があるためと考えられる。

(9) 子育て支援総合コーディネーターの属性と「コーディネーターに求められる力量」に関する要因の関係

コーディネーターとして働く人材が、真にこれらコーディネーターに必要な「力量」を保持しているのかについて分析する。

事業創設案では、子育て支援総合コーディネーターとして「社会福祉士」の雇用が目指されていたが（厚生労働省2002）、本調査によって実際には「保育士」や「幼稚園教員免許保持者」が多くを占めていることがわかった（図4-15）。「コーディネーター用」の探索的因子分析および重回帰分析の結果、多くの対人援助職に共通するような対人援助技術のみでなく、ソーシャルワーク援助技術が必要であることが示された。しかし保育士や幼稚園教員免許保持者はソーシャルワーク専門職ではないため、ソーシャルワーク援助技術を十分に持ち合わせていない可能性が高い。「コーディネーターに求められる力量」を現在採用されている専門職が持ち合わせているかを検討することは、今後の子育て支援総合コーディネートを円滑に実施していくための方向性を明らかにするために重要である。合わせて年齢や経験年数などその他の属性も「コーディネーターに求められる力量」に差があると思われるので、一元配置分散分析を用いて検証する。

「考え」については、重回帰分析の結果、直接「コーディネーターに求められる力量」が従属変数である「コーディネートはうまくいっている」に影響しなかった。しかしながら、因子としては「現状」と同じようなまとまり

を示しているため、「現状」としてできていないだけなのか、「考え」としても必要性を認識していないのかを明らかにするため、属性によって「コーディネーターに求められる力量」に関する「考え」に差があるのかについても一元配置分散分析によって検討する。

まず、「現状」の回答（165件）では、「人を援助する基本的姿勢を維持する力」平均値 7.77（標準偏差 1.47）、「ソーシャルワーク援助技術」平均値 5.35（標準偏差 1.85）であった。「考え」の回答（199件）では、「人を援助する基本的姿勢を維持する力」平均値 8.88（標準偏差 1.06）、「ソーシャルワーク援助技術」平均値 7.20（標準偏差 1.44）であった（表 4-7）。

表 4-7 「コーディネーターに求められる力量」の記述統計（コーディネーター用）

	現状 (n=165) 平均	現状 (n=165) 標準偏差	考え (n=199) 平均	考え (n=199) 標準偏差
人を援助する基本的姿勢を維持する力	7.77	1.47	8.88	1.06
ケースマネジメント援助技術	5.35	1.85	7.20	1.44

コーディネーターの属性によって、2つの要因の「現状」と「考え」に差があるかを一元配置分散分析（等分散性の検定によって等分散でないとされた場合はクラスカルウォリス検定、マンホイットニー検定）によって分析した。以下、属性によって差が見られた項目のみ結果を記す。

1）コーディネーターの属性と「コーディネーターに求められる力量」（現状）の関係

① 性別

「現状」の結果、性別によって「人を援助する基本的姿勢を維持する力」に差が見られ（$F(1,163)=12.33, p<.01$）、女性（143件）が男性（22件）より有意に高かった（表 4-8）。

表 4-8 性別と「コーディネーターに求められる力量」の要因（現状）の関係

	女性 (n=143) 平均	女性 (n=143) 標準偏差	男性 (n=22) 平均	男性 (n=22) 標準偏差
人を援助する基本的姿勢を維持する力	7.93	1.39	6.77	1.75**
ケースマネジメント援助技術	5.34	1.90	5.42	1.58

検定：一元配置分散分析　　　　　　　　　　　　　　　　　　　　**p<.01

② 資格・免許

　資格・免許では、保育士資格保持者（99件）と非保持者（66件）では、「人を援助する基本的姿勢を維持する力」に差が見られ（p＜.05）、保持者が有意に高い（表4-9）。幼稚園教諭免許保持者（66件）と非保持者（99件）では、「ケースマネジメント援助技術」に差が見られ（$F(1,163)=8.10$, $p<.01$）、非保持者が有意に高い（表4-10）。

表4-9　保育士資格の有無と「コーディネーターに求められる力量」の要因（現状）の関係

	資格あり（n=99）		資格なし（n=66）	
	平均	標準偏差	平均	標準偏差
人を援助する基本的姿勢を維持する力	8.03	1.23	7.39	1.75*
ケースマネジメント援助技術	5.24	1.89	5.53	1.80

検定：マンホイットニー検定　　　　　　　　　　　　　　　　　　*p＜.05

表4-10　幼稚園教員免許の有無と「コーディネーターに求められる力量」の要因（現状）の関係

	資格あり（n=66）		資格なし（n=99）	
	平均	標準偏差	平均	標準偏差
人を援助する基本的姿勢を維持する力	7.93	1.22	7.66	1.64
ケースマネジメント援助技術	4.86	1.76	5.68	1.86**

検定：一元配置分散分析　　　　　　　　　　　　　　　　　　**p＜.01

2）コーディネーターの属性と「コーディネーターに求められる力量」（考え）の関係

① 性別

　「考え」でも女性（176件）は男性（23件）よりも「人を援助する基本的姿勢を維持する力」が有意に高い（p＜.01）（表4-11）。

表4-11　性別と「コーディネーターに求められる力量」の要因（考え）の関係

	女性（n=176）		男性（n=23）	
	平均	標準偏差	平均	標準偏差
人を援助する基本的姿勢を維持する力	9.03	0.90	7.74	1.47**
ケースマネジメント援助技術	7.22	1.45	7.01	1.29

検定：マンホイットニー検定　　　　　　　　　　　　　　　　　**p＜.01

② 資格・免許

資格・免許では、保育士資格保持者（123件）が非保持者（76件）よりも「人を援助する基本的姿勢を維持する力」が有意に高い（p＜.01）（表4-12）。幼稚園教員免許保持者（83件）と非保持者（116件）では、「人を援助する基本的姿勢を維持する力」は保持者が有意に高かったが（p＜.05）、逆に「ケースマネジメント援助技術」では、非保持者が有意に高い（F(1,197)＝5.09, p＜.05）（表4-13）。

表4-12 保育士資格の有無と「コーディネーターに求められる力量」の要因（考え）の関係

	資格あり (n=123) 平均	標準偏差	資格なし (n=76) 平均	標準偏差
人を援助する基本的姿勢を維持する力	9.19	0.78	8.38	1.26**
ケースマネジメント援助技術	7.27	1.45	7.08	1.41

人を援助する基本的姿勢を維持する力検定：マンホイットニー検定　　**p＜.01
ケースマネジメント援助技術検定：一元配置分散分析

表4-13 幼稚園教員免許の有無と「コーディネーターに求められる力量」の要因（考え）の関係

	資格あり (n=83) 平均	標準偏差	資格なし (n=116) 平均	標準偏差
人を援助する基本的姿勢を維持する力	9.12	0.81	8.71	1.18*
ケースマネジメント援助技術	6.93	1.35	7.39	1.47*

人を援助する基本的姿勢を維持する力検定：マンホイットニー検定　　*p＜.05
ケースマネジメント援助技術検定：一元配置分散分析　　　　　　　　　*p＜.05

その他の属性（その他の資格、年齢、キャリア、雇用形態、給料など）では有意な差はなかった。

まとめ

一元配置分散分析の結果、保育士や幼稚園教諭は現時点でソーシャルワーク援助技術に関する「力量」を十分に持ち合わせているという結果にはならなかった。

第 5 章
子育て支援データベース・ナビ・システムの開発

1 開発の目的

　子育て支援コーディネートでは、簡単な社会資源（サービス）についての情報を求める場合も、より複雑な情報提供と社会資源の利用について継続的な援助を求める場合でも、利用者である保護者（親）と子どものニーズに合った社会資源（サービス）について適切な情報を提供し、必要に応じて利用できるように適切にサービス施設や機関につなぐ（リンクする）ことになる。すでに繰り返し述べてきたように、次世代育成支援行動計画では、子育て支援において提供されている資源は多様かつ多数である。子育て支援コーディネートを担う子育てコンシェルジュが、提供されているすべての資源を把握することはかなり難しい。このところ多くの自治体が、子育てや子ども家庭相談に関するホームページを充実させてきており、子ども・子育てに関連するサービスの検索が容易で、わかりやすい情報が得やすくなっている。
　しかし、子育てコンシェルジュが、地域子育て支援拠点などを訪れる保護者の求めに応じて、その場で情報を提供するためには、膨大な社会資源の中からニーズにマッチした資源を容易に検索できる子育て支援データベースを携帯する必要がある。本書で示す子育てコンシェルジュ実践モデルの開発で

は、西宮市との連携によって、まず、次世代育成支援後期行動計画で提供されている社会資源をすべてデータベース化することとした。データベースから必要なサービスを取り出すための検索方法は、キーワードでの検索、施設・機関名での検索、情報を得たい、相談したいなど「したいこと」から検索できるものがよい。さらにインターフェースは人にフレンドリーなものである方が望ましい。そして、データベースは携帯が可能で、必要なときに親とともに、その場で検索作業ができる方が望ましい。したがって、本研究では、iPad や iPad mini で動作するソフトウェアとすることが望ましいということとなった。以下、本章では、こうした特徴を持ったデータベースの開発プロセスと成果について紹介する。

2　開発のプロセス

　開発の目的に沿って、「フェーズⅡ　叩き台のデザイン」について述べる。特に具体的にどのような作業を経て叩き台の開発を行ったのか、そのプロセスについて説明する。

1) 2010（平成22）年度実施「子育て支援総合コーディネートの実態調査」質問紙調査のデータ分析

　「子育て支援総合コーディネートの実態調査」質問紙調査のデータ分析を実施し、その結果を子育て支援データベース・ナビ・システムおよび子育て支援コーディネート・ナビ・システム開発に活用した。調査結果の詳細については、第4章「3. 調査の結果と概要」で述べた通りである。

2) 3つのグループ

　叩き台の作成にあたっては、3つのグループを形成しそれぞれのグループで叩き台の基本的考え方、デザイン、構成および具体的内容等を検討した。3つのグループとは、次の通りである。
　（1）研究グループ：主任研究者を中心とした叩き台の基本的考え方、デザイン、構成や内容等を検討する本研究の中心的な役割を果たす。
　（2）情報抽出・整理グループ：西宮市こども部を中心とした行政職員と研究グループで構成され、叩き台の構成や内容の詳細を決定する。
　（3）開発グループ：開発業者と研究グループで構成され、叩き台の作成に必要な情報の整理と具体的開発を行う。
　各作業グループで延べ53回（2011（平成23）年度実績および2012（平成24）年度実績）の研究会を開催した。なお具体的な作業は、研究会実施日以外に各グループや各グループのメンバーが集中的に取り組んで完了した。以下、各グループの役割についてまとめる（図5-1、表5-1）。

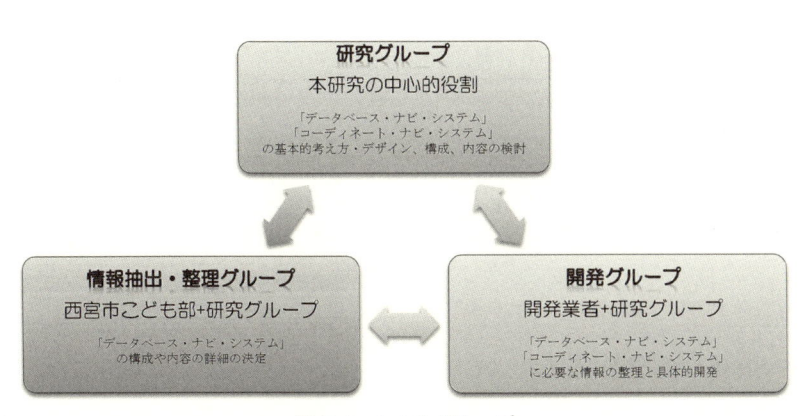

図5-1　3つのグループ

表 5-1　各グループの役割と研究会開催回数

グループ名	子育て支援データベース・ナビ・システムに関する内容	研究会開催回数(2011(平成23)年度実績)*	研究会開催回数(2012(平成24)年度実績)*
(1) 研究グループ	・基本的考え方：誰が何のためにどのように使用するのか ・デザイン：色使いなどの外観、配置等 ・構成：何が必要か、何をデータベース化するか ・内容：具体的に子育て支援データベース・ナビ・システムに入れる情報は何か ・試行の準備：試行に必要な機材の準備、試行時期の決定など ・試行後の改良点の整理：試行時に出てきた不具合等の情報の整理	18回 必要に応じたメール会議	15回 必要に応じたメール会議
(2) 情報抽出・整理グループ	・デザインの確認：できることできないことの明確化 ・構成の確認：情報の読み出し方法 ・内容の詳細の決定 ・内容の抽出と整理 ・叩き台の確認 ・試行後の情報の修正：試行時に明らかとなった誤情報や追加情報の修正・追記	4回 必要に応じたメール会議	4回 必要に応じたメール会議
(3) 開発グループ	・デザイン案の提示 ・デザインの決定 ・内容の入力：事業概要等の詳細データのデータベース化 ・叩き台の開発 ・デモ版の提示 ・叩き台の提示 ・試行後の不具合・デザイン・バグの修正 ・改良版の提示	8回 必要に応じたメール会議	8回 必要に応じたメール会議

＊子育て支援データベース・ナビ・システムと子育て支援コーディネート・ナビ・システムを同時併行的に検討していることも多いため、一部研究会開催回数は両者共通となっている。

3) 開発の手順

先に述べた3つのグループで具体的な作業を積み重ねて開発を進めた。詳細は本章「3. 子育て支援データベース・ナビ・システムの概要」で触れる

が、ここでは具体的なデザインや内容の決定等のプロセスに焦点をあてて開発の手順を記載する。手順を一覧で表したものが、表5-2である。表5-2の(1)から(7)の番号および矢印は、開発が進んでいく手順と流れを示したものである。いずれも先に示した3つのグループで相互にやり取りをしながら実施したものである。

表5-2　開発の手順

手順	検討事項	決定事項／実施内容等
【2012（平成24）年度】 (1) デザインの決定	誰が何のために使用するものか	【誰が】 ・主に子育てコンシェルジュが使用する。 ・ただし、将来的には子育て世代や一般市民で子育てに関するサービスを利用したい人や関心のある人も使用できるようなものとする。 【何のために】 ・子育てコンシェルジュの子育て支援コーディネートに必要な子育て情報の抽出の円滑化・効率化のため。 ・将来的には、一般市民が自ら必要な情報を簡便に入手できるようにするため。
	開発する道具	・iPadまたはiPad miniを使用。 ・情報の更新作業にあまり手間がかからず複雑すぎないものであることが望ましい。 ・西宮市のホームページ等で公開されているデータ化された情報を活用する（リンク先等）。
	外観・色使い等	・ユーザーフレンドリーなものであること（使いたくなる色、分かりやすい画面）。 ・いろいろな検索方法が選択できること。 ・使用説明書のいらない使いやすさを追求すること。
(2) 構成と内容の決定	どのような情報をどの程度盛り込むのか	・将来的には一般市民も使用できるようにする予定であるため、"簡便に検索できるわかりやすい情報"から、子育てコンシェルジュが子育て支援コーディネートに活用する"専門的かつ詳細な情報"までを盛り込む。 ・本年度は、主に子育てコンシェルジュが使用することを想定しての開発のため、専門的な情報の充実を重視する。
	盛り込む情報の年齢設定	・妊娠・出産に関する情報。 ・0歳～8歳の子どもとその保護者が利用することの出来るサービス・事業の情報。
	盛り込む具体的な内容	・にしのみや子育てガイド（インターネット版、冊子版）。 ・次世代育成支援行動計画記載事業。 ・上記2つに関連する施設情報。

(3) 具体的作業と開発	盛り込む情報の選定方法の決定	・上記「盛り込む具体的な内容」で示した西宮市の子育てに関する情報（事業・サービス、施設情報）すべて。 ・ただし、年齢設定外の事業・サービスは除く。
	盛り込む情報の抽出手順	・にしのみや子育てガイドに記載されているが、次世代育成支援行動計画に記載されていない事業・サービスの明確化。 ・次世代育成支援行動計画に記載されているが、にしのみや子育てガイドに記載されていな事業・サービスの明確化。 ・上記2つの作業を経て整理された情報すべてを対象とし、さらに「サービス・事業情報」と「施設情報」に区分して抽出。
	抽出方法の決定	・「個別事業抽出表」に従って、該当するすべての事業・サービス、施設情報を抽出。 ・抽出にあたっては、西宮市こども部を通じて、西宮市関係部局に「個別事業抽出表」に回答を依頼。 ・「個別事業抽出表」の回収。 ・「個別事業抽出表」記載情報の整理。
	子育て支援データベース・ナビ・システムの開発	・「個別事業抽出表」で抽出した事業・サービス情報、施設情報のデータベース化。 ・「子育て支援データベース・ナビ・システム」の開発。
(4) 子育て支援データベース・ナビ・システム試行版の完成	デモンストレーションの実施	・第1回デモンストレーションの実施。 ・デザインと仕様の改良。 ・第2回デモンストレーションの実施。 ・子育て支援データベース・ナビ・システム試行版の完成。
【2012（平成24）年度】 (5) 子育て支援データベース・ナビ・システム試行版の試行実施	西宮市子育て総合センターにおける試行の実施	・子育て支援データベース・ナビ・システム試行版の試行（2012年8月中旬〜9月中旬）。 ・不具合や改善点を明らかにするために、以下4つの視点で試行を実施。 ①データベース情報のミス ②検索方法が不明 ③システム上の欠陥 ④その他
(6) 子育て支援データベース・ナビ・システム試行版の改良点の抽出と改良	改良が必要な問題点の抽出と改良の実施	・上記4つの視点に基づいて問題点を再整理。 ・問題点の修正・改良。
(7) 改良版子育て支援データベース・ナビ・システムの完成	子育て支援コーディネート・ナビ・システムとの連携に向けてのシステム構築	・改良版子育て支援データベース・ナビ・システムの完成。 ・今後の子育て支援コーディネート・ナビ・システムとの連携に向けた準備の開始。

3 子育て支援データベース・ナビ・システムの概要

　本データベース・ナビ・システムは、データベースとナビから構成されている。データベースには、1) 子どもと子育てにかかわる種々のサービスの目的、内容、利用条件、利用費用、場所や連絡先等の詳細な情報、2) 子どもと子育てにかかわる種々の施設の概要、場所、連絡先、施設で提供されるサービスの目的、内容、利用資格、利用費用等の詳細な情報が蓄積されている。

　一方ナビは、こうした蓄積情報、すなわちデータベースを効率的、効果的に利用するための簡便な検索システムである。ナビのインターフェースは利用者にやさしく、必要とするサービスや施設に容易に辿り着けるように導いてくれる。ただ、今回の子育て支援データベース・ナビ・システムは、子育てコンシェルジュが、保護者の話を聴いて検索することを目的としており、一般の保護者が簡便に利用できるところまでユーザーフレンドリーなインターフェースではないが、iPad や iPad mini などを使い慣れている保護者には活用可能だと考えている。

　本研究では、西宮市と協力し「西宮市版子育てコンシェルジュ用子育て支援データベース・ナビ・システム」を開発したので以下に概要を説明したい。

1) トップ画面

　図5-2 は、西宮市子育て支援データベース・ナビ・システムのトップ画面である。「子育てガイド」、「サービスを探す」、「大項目から探す」、「キーワードから探す」そして「施設を探す」の5つの検索方法がある。データベースそのものは、上述したように種々のサービスに関する情報と種々の施設に関する情報が蓄積されており、「施設を探す」は後者に焦点化した検索方

図 5-2 「子育てガイド」からの検索画面

法である。このようにたくさんの検索方法を設けることで、子育てコンシェルジュがもっとも検索しやすい方法を選択しながら、簡便に必要な情報に辿り着くことができるのである。

2) 検索方法の選択

(1)「子育てガイド」

　図 5-2 は「子育てガイド」から検索する画面である。「子育てガイド」とは、西宮市が発行する「にしのみや子育てガイド」であり、「にしのみや子育てガイド」ホームページ版に沿って検索ができるようになっている。「子育てについて知りたい項目をタップしてください」に従って、ボタンをタップすると、「にしのみや子育てガイド」ホームページ版にリンクすることができる。Wi-Fi 環境が整っていることが条件となるが、「にしのみや子育てガイド」を使い慣れている子育てコンシェルジュにとっては、検索しやすい

第 5 章　子育て支援データベース・ナビ・システムの開発　129

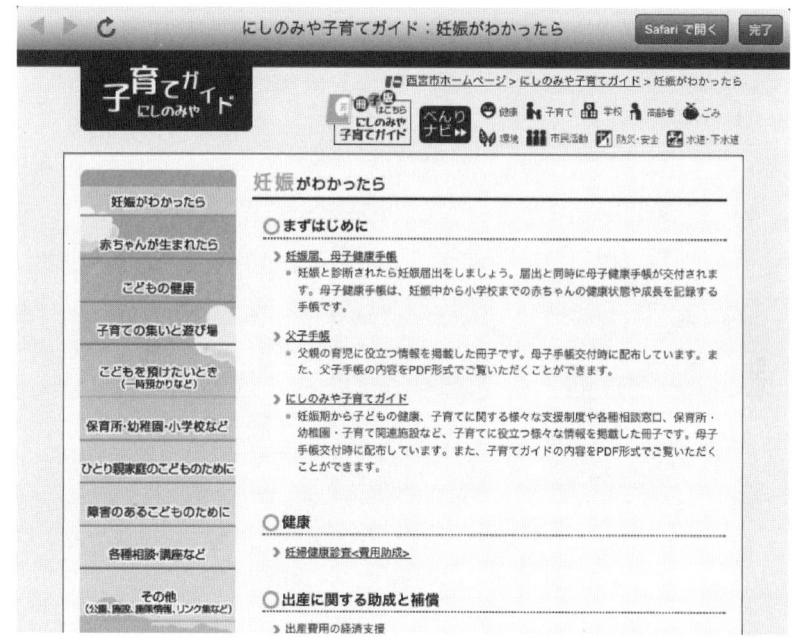

図 5-3　「子育てガイド」リンク画面

方法の一つと考えられる。

　図 5-3 は、「にしのみや子育てガイド」ホームページ版にリンクした画面となっている。

(2)「サービスを探す」

　図 5-4 は「サービスを探す」から検索を始める場合を示している。サービス検索は、「親（大人）対象」のサービス、「子対象」のサービス、そして「職員対象」のサービスというジャンルにわけて検索ができるようになっている。また、「託児有無」、「駐車場有無」、「申し込み必要・不必要」についても必要条件として付加することができる。図 5-4 では、「親（大人）対象」で画面が切れているが、画面を上下にスクロールすれば「子対象」、「職員対象」のサービスについても見ることができる。

図 5-4 「サービスを探す」からの検索画面

図 5-5 「大項目から探す」からの検索画面

図5-6 「キーワードから探す」からの検索画面

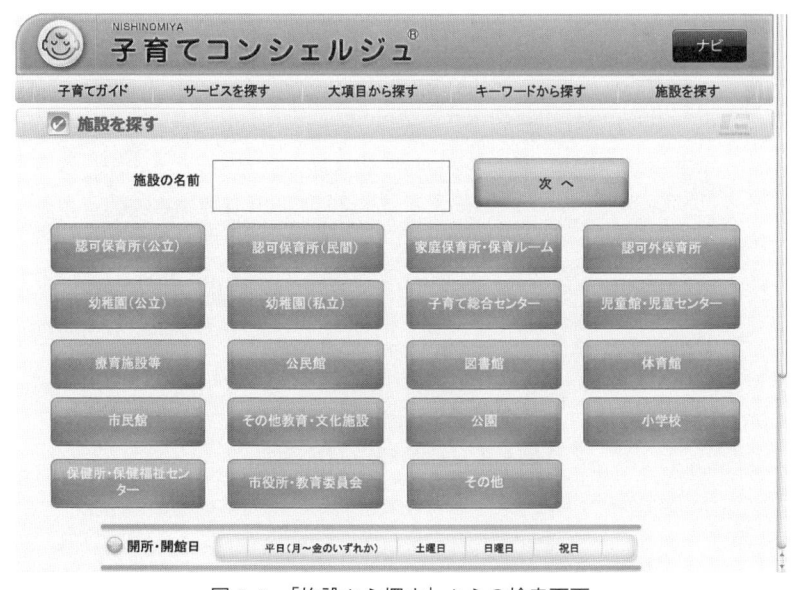

図5-7 「施設から探す」からの検索画面

(3)「大項目から探す」

　図 5-5 は「大項目から探す」検索方法である。検索することの多いテーマで大項目を設定している。

(4)「キーワードから探す」

　図 5-6 は、「キーワードから探す」検索方法を示している。大項目よりも細かい項目が設定されており、検索したい事柄がはっきりしている場合に便利な検索方法となっている。キーワードは全部で 29 個ある。(　) 内に示される数字は、各キーワードに関するサービスがいくつあるのかを示している。図 5-6 では、画面が途中で切れているが、画面を上下にスクロールすることでキーワードのすべてを見ることができる。

(5)「施設から探す」

　「施設から探す」画面である (図 5-7)。ボタンをタップして選択することも、施設の名前を検索して選択することもできる。施設の名前で検索する場合には、キーボード入力する。

図 5-8　「対象年齢」選択画面

3) 絞り込み選択

「子育てガイド」、「施設を探す」以外の検索方法の場合、サービスや大項目、キーワードを選択すると、図5-8の「対象年齢」の選択画面となる。検索したい年齢等を選択して「次へ」を押すと、「地域を指定したい場合は選んでください」という地域指定画面へと進む（図5-9）。このようにして必要となる情報を絞り込んでいくのである。なお、地域選択画面は、「施設を探す」においても絞り込みの条件として表示される。

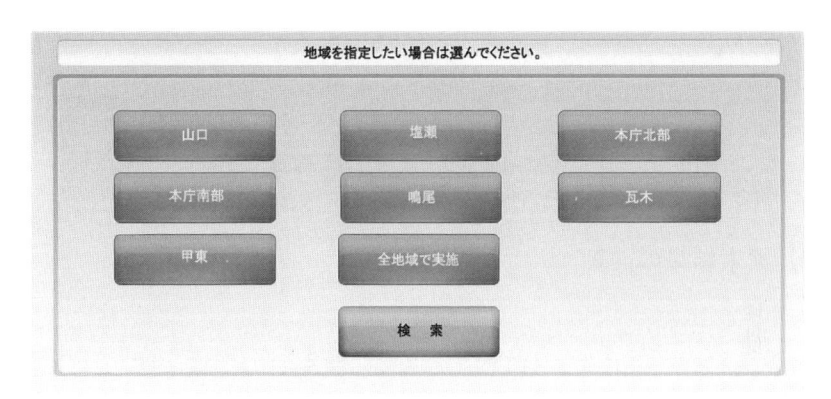

図 5-9 「地域」選択画面

4) 検索結果の表示

図5-10は、サービス情報の検索結果（「サービス一覧」）である。同様の形式で施設情報の検索結果も見ることができる。サービス情報、施設情報ともに検索条件にあてはまる「検索結果」数が右上部に示される。各サービスの名前や概要が示されており、矢印ボタンを押すと、詳細情報の画面へジャンプする。画面を上下にスクロールできるので、たくさんの「検索結果」がヒットしても問題なく該当事業を探し出すことができる。

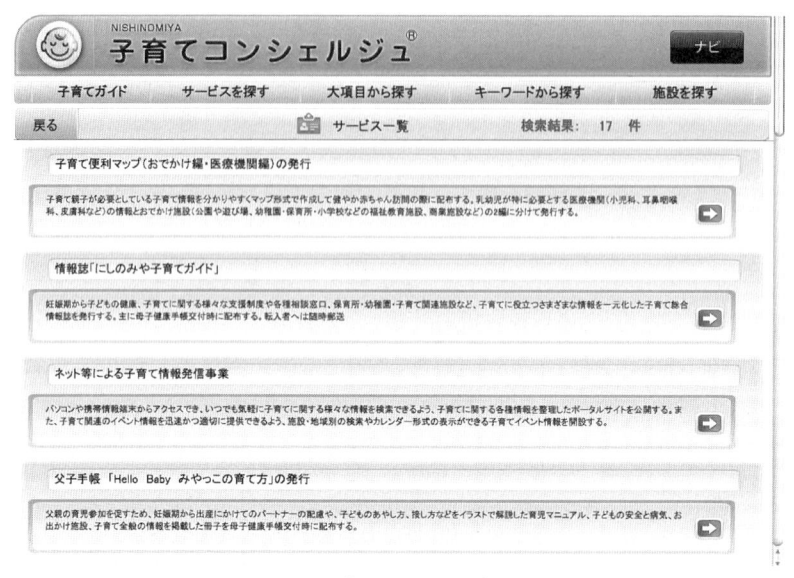

図 5-10 「サービス一覧」画面

5) 検索結果の詳細

　検索結果の詳細は図 5-11 のようになる。図 5-11 は「保育所における育児相談」を選択した場合の画面となっている。「内容」はサービスの概要を示しており、「所轄課」の連絡先や「実施施設」も表示される。
　「事業利用履歴」は、いつ誰が利用したかを記録できるようになっており、簡単な利用状況についても「事業利用履歴」内の「内容」に入力することができる。「評価」とは、将来的に利用者に利用後のサービス評価を行ってもらうことを想定して作成したものである。「メモ」は、子育てコンシェルジュが相談支援を行う中での気づき等を自由に記録できる。「事業利用履歴」および「メモ」は、第 6 章で概要を説明する子育て支援コーディネート・ナビ・システムともリンクしている。
　「申込書を印刷する」や「概要を印刷する」は、利用者にサービスや事業、あるいは施設の情報を資料として持って帰ってもらったり、利用等に関する

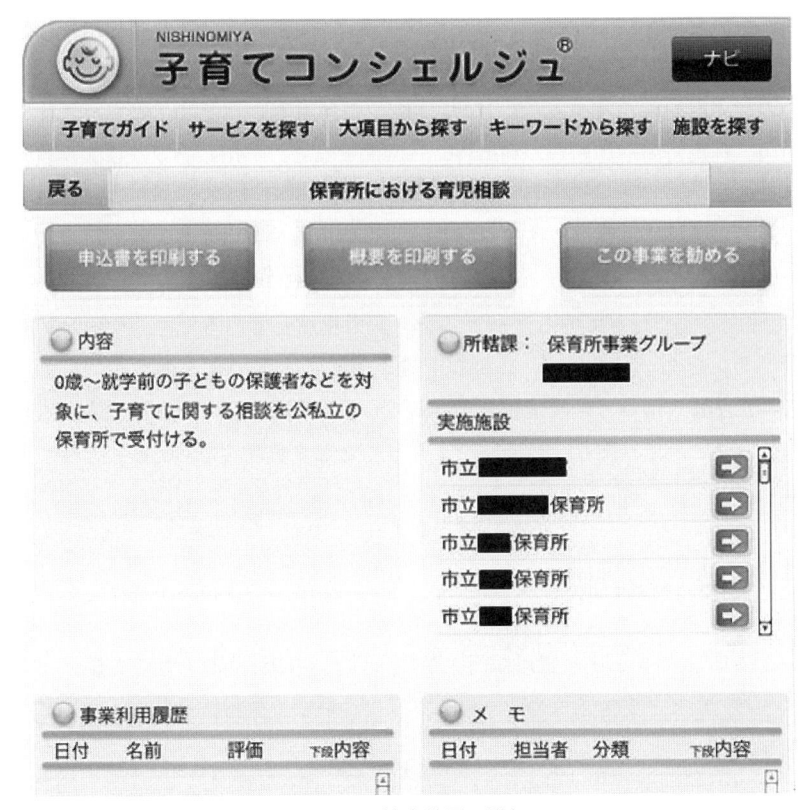

図 5-11　検索結果の詳細

申込書を記入してもらったりする際に簡便に該当書類が印刷できるようにしたものである。

「この事業を勧める」は、利用者に対して子育てコンシェルジュが事業の利用等を勧める場合に選択するボタンであり、このボタンを押すと子育て支援コーディネート・ナビ・システムに選択記録が残される。第6章で述べる子育て支援コーディネート・ナビ・システムを用いてケース援助をする場合に、本データベース・ナビ・システムを併用し、紹介した資源とその利用状況を記録し、データベース化することを目的としている。

「実施施設」には、該当するサービスを実施している施設が一覧で抽出さ

れ、施設名の右の矢印ボタンをタップすると、「実施施設」の詳細情報へジャンプすることができる。「実施施設」の詳細情報では、「施設の概要」、「施設の利用案内」などが表示される。「施設の利用案内」では、最寄バス停や地図、利用時間や休館日、利用料、一時保育などの利用に必要な情報が表示される。施設にホームページがある場合には、URLのリンクも設けているため、さらに詳細な施設情報を知りたい場合には便利である。また、選択した実施施設で行っているサービスについての詳細も閲覧することができる。「実施施設」で行っているサービスを一覧で掲載しているため、サービス詳細ボタンをタップすれば、必要な情報を簡単に入手できるよう設計している。サービス情報と施設情報を双方向で行き来することができる検索システムとすることで、知りたい情報により早くたどり着けるのである。

4 叩き台の評価

　ここでは、「フェーズⅢ　試行・評価・改良」における子育て支援データベース・ナビ・システムの叩き台の試行について、試行結果を中心に述べてみたい。

1）試行の目的

　子育て支援データベース・ナビ・システムの叩き台の試行をすることで、1）データベース内の情報の確認と修正点の発見、2）システム上の欠陥の発見、3）ユーザーフレンドリーなシステムとするための改良点の発見、の3つを行うと同時に、現場の方々に今後の本格導入に向けた体験とイメージ作りをしていただくことを目的とした。

2) 試行実施場所

　子育て支援データベース・ナビ・システムの試行は、西宮市子育て総合センター（以下、総合センター）で実施した。総合センターはセンター型の地域子育て支援拠点事業（以下、拠点事業）を運営している。子育て相談をはじめとし、センター型としてのさまざまな事業展開を行っており、子育て支援コーディネーターの配置を考えている。西宮市は、ひろば型の拠点事業を全児童館のほか、大学や保育所でも実施している。その中にあって総合センターは、拠点事業の連絡調整を行っていく役割も担っており、西宮市における子育て支援施策の中心的かつ総合的な役割を果たす施設として期待されている。したがって、総合センターにおける試行は本格実施を目指す上で最も適切な施設と判断したのである。

　なお、総合センターではさまざまな事業が展開されているが、1）保育士などの専門職員3人、常勤嘱託職員14人、臨時職員1人（ただし、事務員を除く）2）相談員として常勤嘱託職員2人、3）行政職として正規職員5人（所長含む）、臨時職員1人で運営されている（いずれも2012（平成24）年12月現在）。

3) 試行方法と時期

　開発した子育て支援データベース・ナビ・システムがダウンロードされたiPadを3台用意し、本試行専属のデータ通信環境を整えるためのWi-Fi環境を設定した。試行は、データの管理上の問題から、iPad同士のデータ同期が行われないように設定し、1台ずつでの動作確認・試行を行うこととした。

　試行は、保育士（正規職員）2名、相談員（常勤嘱託職員）1名と行政職（正規職員）1名を中心に依頼した。試行の際は、制限なくできるだけ自由

に使っていただくようお願いした。また記録用紙を作成し、データのミスやシステム上の欠陥、あるいは使い勝手の悪さ等、何でも記録していただくよう依頼した。試行期間は、2012（平成24）年8月中旬から9月中旬の約1ヵ月である。

　また試行開始時には、研究グループから2名が総合センターに行き、試行の目的や実施期間などの基本的事項および試行にあたっての注意点や使用方法などを説明した。試行終了時には、研究グループから1名が機材一式の回収に行くと共に、試行についてヒアリングを実施した。

4）試行結果

　試行結果の概要は以下である。「要望」、「情報ミス」、そして、子育て支援データベース・ナビ・システムには職員が必要な情報や気づきなどをメモできる"メモ欄"と相談者・利用者の利用履歴を残すことができる"利用履歴"がある（詳細は「3. 子育て支援データベース・ナビ・システムの概要」）が、それについての概要「メモ欄・利用履歴に関して」の大きく3つに分けて記載する。

要望
(1)「地域から探す」という検索方法があると便利である。
(2) 検索結果の地図が必ず表示されるとよい。
　　・表示されるものと表示されないものがある。
(3) 最小限の検索で目的にたどり着けると良い。
　　・たとえば「地域」選択をしない場合も多いため、必要なときだけ「地域」選択画面に進める等の工夫があるとよい。
(4) 検索が多い順にサービスを並び替えられると便利である。
(5) 事業名が現状より目立つようなレイアウトの方がよい。
(6)「幼稚園」「保育所」はよく検索するものであるが、「施設」から探せる方が便利である。

・現状は「事業」からでも「施設」からでもたどりつけるが、効率を考えると「施設を探す」で検索するように誘導があるとよい。

情報ミス
(1) 地図情報の誤り。
(2) 事業の「対象」などの詳細情報の誤り。
(3) 「子どもが欲しいと思ったとき」で対象年齢外の9歳以上の子どものいる家庭対象の事業の情報がヒットする。

メモ欄・利用履歴に関して
(1) 分類を追加できるのはよいが、担当者の考え方によってさまざまな項目が作成されてしまうため、将来的に不便がでるのではないか。
(2) 誰が入力したのか「担当者」がわかるようにした方がいいのではないか。
(3) メモ欄に追加情報としてURLを入れることができるようになればよい。また、そのURLからリンク先に飛べるようにできればいいのではないか。
(4) メモ欄の「備考」の使い方等、メモ欄全体の項目や使い方については少し時間をかけて検討していく必要があるのではないか。

まとめ
以上から、今後本格的に導入する上で必要な視点について総括すると以下の通りである。
(1) メモ欄や利用履歴等の共有の必要性
　冊子版「にしのみや子育てガイド」では、職員が各自必要な情報をメモしながら使用している。それらの「メモ」は、本来全員で共有できたほうがよい。もし子育て支援データベース・ナビ・システムでそれらのメモを共有することができれば、非常に意義がある。
(2) 情報管理の徹底
　実際の運用にあたっては、個人情報等の情報漏えいを防止するセキュリ

ティが問題となる。またインターネットを介すため、ウィルス対策等も必須である。保護者の前で、あるいは、保護者とともに閲覧画面を見ながら操作する場合に、メモ欄や利用歴等が保護者側に見えてしまうのは、相談員（子育てコンシェルジュ）が共有すべき情報等が含まれる点や個人情報保護等の観点からもふさわしくない。改良し、保護者と相談員（子育てコンシェルジュ）が一緒に閲覧でき、ニーズに合った事業やサービスを検索できる画面と相談員（子育てコンシェルジュ）や管理者のみが閲覧できる画面に分ける必要性がある。

(3) データベース内容の精査と充実

今後、子育て支援データベース・ナビ・システムに入っている情報がより精査され、充実してくると、既存の「にしのみや子育てガイド」よりも使い勝手の良いものになると考えられる。

(4) 子育てコンシェルジュへのリテラシー研修の必要性

iPad や iPad mini を使用して保護者の必要とする事業やサービスを検索するためには、ある程度の ICT リテラシーが求められる。今回の試行では比較的リテラシーが高く、特段の問題は起きなかったが、本格的に導入していくためには使い方や困った時の対応などのリテラシー研修も必要となってくる。

これらの点を踏まえて叩き台の改良を行った。なお、本章の「3　子育て支援データベース・ナビ・システムの概要」は、本試行後必要な改良を行ったものについて説明している。本書の構成上、内容が前後しているがご了承いただきたい。

第6章
子育て支援コーディネート・ナビ・システムの開発

1 開発の目的

　すでに述べたように、実践モデルは5つの記述（構成要素）を含んでいなければならない。実践の対象についての記述、実践の意義についての記述、依って立つ理論についての記述、援助の手続きについての記述、処遇効果についての記述の5つである。実践モデルはそもそも実践を具体的にガイドするものであることからすると、4番目の援助の手続きについての具体的かつ詳細な記述が重要となる。子育てコンシェルジュの実践活動をステップ・バイ・ステップのかたちで導けるように実践の手続きを示すものは、まさに実践マニュアルといってよい。

　相談に訪れる保護者に寄り添って援助をする子育てコンシェルジュには、子育て支援コーディネートの実践マニュアルを、ICTを活用してiPadやiPad miniを用いて携帯できるものとすることが重要であると考え、子育て支援コーディネート・ナビ・システムを開発することとした。また、子育てコンシェルジュがiPadやiPad miniにインストールされたソフトウェアとしての実践マニュアルを、援助の現場で、保護者や子どもの側で使用することによって、子育てコンシェルジュの援助活動がデータベース化される必要

がある。そのことによって援助の記録を取る手間が省かれ、ペーパーワークが大幅に軽減されることになる。そればかりではなく、データベースから必要な活動の情報などを検索、抽出し、整理することによって、ケースの進捗を確認し、必要があれば援助計画の変更も可能となる。スーパーバイザー(もし存在するならば)や機関・施設の管理者は、一人ひとりの子育てコンシェルジュの活動データをレビューし、支援することが可能となる。さらに、機関・施設に所属する複数の子育て支援コンシェルジュのすべてのケースに対する援助活動を集約し、機関・施設のパフォーマンスを評価することも可能となろう。

　本章では、こうした特徴を持った子育て支援コーディネート・ナビ・システムの開発プロセスと成果を紹介する。

2　開発のプロセス

　開発の目的に沿って、「フェーズⅡ　叩き台のデザイン」について、具体的にどのような作業を経て叩き台を開発したのかに焦点を置き、そのプロセスについて説明する。

1）3つのグループ

　叩き台の作成にあたっては、3つのグループを形成しそれぞれのグループで叩き台の基本的考え方、デザイン、構成および具体的内容等を検討した。3つのグループとは、次の通りである。

　(1) 研究グループ：主任研究者を中心とした叩き台の基本的考え方、デザイン、構成や内容等を検討する本研究の中心的な役割を果たす。

　(2) 情報抽出・整理グループ：西宮市こども部を中心とした行政職員と研究グループで構成され、叩き台の構成や内容の詳細を決定する。

　(3) 開発グループ：開発業者と研究グループで構成され、叩き台の作成に

必要な情報の整理と具体的開発を行う。

　各作業グループで延べ 53 回（2011（平成 23）年度実績および 2012（平成 24）年度実績）の研究会を開催した。なお具体的な作業は、研究会実施日以外に各グループや各グループのメンバーが集中的に取り組んで完了した。以下、各グループの役割についてまとめる（図 6-1、表 6-1）。

図 6-1　3 つのグループ

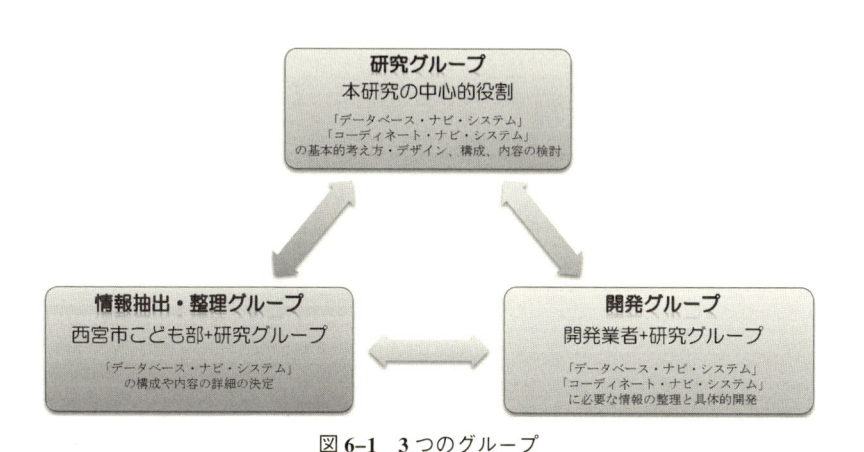

表 6-1　各グループの役割と研究会開催回数

グループ名	子育て支援コーディネート・ナビ・システムに関する内容	研究会開催回数(2011(平成23)年度実績)*	研究会開催回数(2012(平成24)年度実績)*
(1) 研究グループ	・基本的考え方：どのようにナビゲーションするのか ・基本設計：基本構成とフローの作成 ・デザイン：色使い、外観等 ・構成：何が必要か、何を使ってナビゲーションするのか ・内容：具体的に子育て支援コーディネート・ナビ・システムに入れるべき情報とは何か	18 回 必要に応じたメール会議	15 回 必要に応じたメール会議

(2) 情報抽出・整理グループ	・基本設計の確認：どのような仕組みであれば、使いやすいのか ・デザインの確認：できること・できないことの明確化 ・構成の確認：選択の仕方、書き込み方等の確認 ・内容の確認：ナビゲーションに必要な内容の確認 ・叩き台の確認	4回 必要に応じたメール会議	4回 必要に応じたメール会議
(3) 開発グループ	・基本設計の作成 ・基本設計の提示 ・基本設計の修正 ・叩き台の開発：修正した基本設計に基づいた叩き台の開発 ・叩き台の提示	8回 必要に応じたメール会議	8回 必要に応じたメール会議

＊子育て支援データベース・ナビ・システムと子育て支援コーディネート・ナビ・システムを同時併行的に検討していることも多いため、一部の研究会開催回数は両者共通となっている。

2) 開発の手順

　先に述べた3つのグループで具体的な作業を積み重ねて開発を進めた。詳細は「3. 子育て支援コーディネート・ナビ・システムの概要」で触れるが、ここでは具体的な構成や内容の決定等のプロセスに焦点をあてて開発の手順を記載する。開発の手順を一覧で示したのが表6-2である。表6-2の（1）から（5）の番号および矢印は、開発が進んでいく手順と流れを示したものである。いずれも先に示した3つのグループで相互にやり取りをしながら実施したものである。ここでは開発の手順について、主に2012（平成24）年度の内容を中心に説明する。

表 6-2　開発の手順

手順	検討事項	決定事項／実施内容等
【2012（平成24）年度】 (1) デザインの決定	誰が何のために使用するものか	【誰が】 ・子育てコンシェルジュが使用する。 【何のために】 ・子育てコンシェルジュの業務遂行の効率化を図るため。具体化すると以下のようなポイントに絞ることができる。 ①子育て支援コーディネートに必要な保護者と子どものニーズや問題の把握を的確かつ効率的に行う。 ②把握したニーズや問題に応じた必要な情報提供を行う。 ③把握したニーズや問題に応じた事業やサービスにつなぐ。 ④継続的な支援を行う場合には援助計画を立てる。 ⑤受付記録や援助計画作成の効率化を図る。 ⑥相談者数や相談内容などの統計情報を効率的に作成する。 ⑦保護者からの利用者評価を受け、利用者視点での援助の効果や満足度を測る。
	開発する道具	・iPad または iPad mini を使用。 ・入力作業にあまり手間がかからず複雑すぎないものであることが望ましい。 ・アセスメントには既存の心理尺度やアセスメントツールを参考にする。 ・ペーパーワークの軽減に役立つような内容とする。
	外観・色使い等	・ユーザーフレンドリーなものであること（使いたくなる色、分かりやすい画面）。 ・使用説明書のいらない使いやすさを追求すること。 ・入力が簡便にできること。
(2) 構成と内容の決定	どのような情報をどの程度盛り込むのか	・受付記録：相談に来られた方の属性や主訴などの簡単な情報を入力する。 ・基本情報：継続的に支援する場合に必要な保護者や子どもの基本情報を入力する。 ・アセスメントとニーズ把握：保護者や子どものニーズや問題を包括的に明らかにする。 ・援助計画：継続的に支援を行う場合に作成する。 ・サマリー：基本情報やアセスメント結果を簡便に表す。 ・統計情報：年次報告などの資料を作成する。 ・利用者評価：保護者による利用者評価を行えるように、援助の効果や満足度を測ることを想定する。

	子育て支援デー タベース・ナビ ・システムとの 関係性	・子育て支援データベース・ナビ・システムと子育て支援コーディネート・ナビ・システムとで相互に簡便に行き来できるものとする。 ・基本情報やアセスメント等の相談記録をもとに、保護者に情報提供やコーディネートを行う。 ・子育て支援データベース・ナビ・システムを使用して紹介した情報やコーディネート先が、子育て支援コーディネート・ナビ・システムに記録として残るようにする。 ・サマリー場面で、情報提供やコーディネートした施設・事業・サービスなどの記録が簡便に見られるようにする。
(3) 構成と内容の 詳細の決定	受付記録	・一度きりの相談も多いと予測されるため、あまり多くの情報収集は避ける。 ・入力必須項目とそれ以外の項目に分け、入力を簡便にする。 ・入力必須項目は保護者が抵抗感を感じないものを中心とする。 ・受付内容（相談内容）や継続的支援の有無などが入力できるようにする。 ・今後も継続的に支援を行う場合には、「基本情報」に詳しく入力していく。
	基本情報	・保護者と子どもに分けて属性を入力する。 ・あまり多くの情報を入力しなくとも、次の画面に進めるようにする。入力必須項目とそれ以外の項目に分ける。 ・子どもの属性については、多胎児であるか否か、障がいの有無、出生時の状況等ネグレクトや虐待等のリスクと結びつきやすい項目をたずねられるとよい。
	アセスメント	・保護者の養育態度や保護者の心理的な状況を知るために、IPA（Index of Parental Attitudes）やGCS（Generalized Contentment Scale）の尺度を参考にする。 ・これまでの実践モデル開発の成果から必要な項目を使用する＊。 ・保護者のニーズとして健康状態や妊娠・出産時の環境をたずねる。 ・家庭内のニーズとしてパートナーや親族、きょうだい関係、地域社会との関係をたずねる。 ・経済的ニーズとして、経済状況や雇用状況などをたずねる項目を作成する。 ・子どもの発達のニーズを把握するために、身体的・精神的状況や病気などの健康状態、その他気になる様子などを記録する。 ・ニーズに関しては、いずれも「アセット」を記録する欄を作成する。 ・これらの項目はいずれも保護者自身の語りや子育てコンシェルジュによる観察等から記録するものとする。

	援助計画	・継続的な支援を行うケースに関しては、目標を定めた上で達成課題を明確にして着実に取り組むことができるような援助計画表を作成する。 ・ただし、あまり複雑な援助計画表ではなく、シンプルなものとする。 ・コーディネート先の情報なども記録できるようにする。
	サマリー	・1つのケースについて、基本情報、保護者や子どものニーズ、情報提供した内容、コーディネート先、援助の経過等が1枚のシートで把握できるようにする。
	統計情報	・会議資料や報告資料を簡便に印刷できるようにする。 ・相談内容、相談者の属性等の情報が統計情報として数枚のシートで総括できるようにする。
(4) 子育て支援コーディネート・ナビ・システム叩き台の開発	子育て支援コーディネート・ナビ・システム叩き台の開発	・「(3) 構成と内容の詳細の決定」を基に、設計を行い、開発を行う。 ・既に開発している子育て支援データベース・ナビ・システムとのリンクを行う。
(5) 子育て支援コーディネート・ナビ・システム叩き台の完成	デモンストレーションの実施	・第1回デモンストレーションの実施。 ・デザインと仕様の改良。 ・第2回デモンストレーションの実施。 ・子育て支援コーディネート・ナビ・システム叩き台の完成。

＊これまでの実践モデル開発の成果とは、「児童虐待相談IT化モデル事業の検証」(2007 (平成19) 年度こども未来財団・児童関連サービス調査研究等事業・調査研究 主任研究者：芝野松次郎)、「EBP としてのファミリーソーシャルワーク実践モデルの開発的研究 (M-D&D)」(2007 (平成19) 年〜2009 (平成21) 年度文部科学省科学研究費補助金・基盤研究 (B)・課題番号：17330132 主任研究者：芝野松次郎)、および「児童福祉専門職の児童虐待対応に関する専門性向上のためのマルチメディア教育訓練教材および電子書式の開発的研究」(2001 (平成13) 年〜2003 (平成15) 年度厚生労働科学研究費補助金　総合的プロジェクト研究分野　子ども家庭総合研究　主任研究者：芝野松次郎) 等を指す。

3）子育て支援コーディネート・ナビ・システムの構成と内容

「2）開発の手順」でも簡単に示したが、システムの構成と内容について少し詳しく記述する。なお、具体的な項目等詳細は、「3．子育て支援コーディネート・ナビ・システムの概要」で、画面イメージとともに解説することとする。

(1) 受付記録

ちょっとした相談から継続支援を行う相談までできるだけすべてのケースについて受付記録を残す。そのため、あまり多くの情報を記録せずともケースとして記録できるように設計している。たとえば、児童館や地域子育て支援拠点事業などの解放された場所で、ちょっとした相談であるにもかかわらず、保護者に名前や電話番号などをたずねると、保護者が相談に抵抗を感じることも考えられる。そのため、記録する内容は子どもの名前や性別、相談内容など比較的聞きやすい内容となっている。

(2) 基本情報

主として継続支援を行う場合に記録する。情報提供のみや1度きりの相談の場合には、記録することは難しいが、保護者が継続的に子育てコンシェルジュに相談をする場合や、必要な支援につないだ場合、子育てコンシェルジュが気になるケースについては記録することが可能であろう。

基本情報は、「保護者の属性」と「子どもの属性」に大別される。「保護者の属性」では、保護者の名前や性別、連絡先、保護者の様子などを、「子どもの属性」では、子どもの名前、年齢、性別、きょうだいの有無、障がいの有無や出生時の状況などを入力する。

基本情報についても1度の相談や面接ですべての項目について情報収集することは難しいため、十分な情報把握ができていなくても次の場面に進めるように設計している。信頼関係を築く中で入力できる情報を増やしていく。

(3) アセスメント

アセスメントは2つに大別される。1つは、保護者の養育態度や心理的状況を把握するもの、もう1つは、家庭内の状況や経済状況などの子どもと保護者を取り巻く環境を含めた包括的なニーズを把握するものである。

1) 保護者の養育態度や心理状況の把握

桑田・芝野（1990）は、0歳児を持つ母親に対する母子相互作用スキル指導プログラムの開発を行う中で、継続的にHudson（1982）によるIPA（Index of Parental Attitudes）やGCS（Generalized Contentment Scale）等の尺度を使用しながらプログラム評価を行っていた。子育てコンシェルジュが保護者の養育状況や心理状況を知る手がかりとしては重要な内容と判断したため、本研究においてもこの2つの既存尺度を参考とする。

2) 包括的ニーズアセスメント

包括的ニーズアセスメントは、芝野ら（2001）による『子ども虐待ケース・マネジメント・マニュアル』や『子ども虐待対応の手引き－平成21年3月31日厚生労働省の改正通知』（恩賜財団母子愛育会日本子ども家庭総合研究所2009）、およびこれまでの実践モデル開発の成果を基に項目を検討した。これまでの実践モデル開発の成果とは、「児童虐待相談IT化モデル事業の検証」（2007（平成19）年度こども未来財団・児童関連サービス調査研究等事業・調査研究　主任研究者：芝野松次郎）、「EBPとしてのファミリーソーシャルワーク実践モデルの開発的研究（M-D&D）」（2007（平成19）年～2009（平成21）年度文部科学省科学研究費補助金・基盤研究（B）・課題番号：17330132　主任研究者：芝野松次郎）、および「児童福祉専門職の児童虐待対応に関する専門性向上のためのマルチメディア教育訓練教材および電子書式の開発的研究」（2001（平成13）年～2003（平成15）年度厚生労働科学研究費補助金　総合的プロジェクト研究分野　子ども家庭総合研究主任研究者：芝野松次郎）等を指す。

包括的ニーズアセスメントは、保護者の精神的・身体的健康状態や性格、妊娠・出産時の環境等の「保護者のニーズ」、パートナーとの関係や親族との関係、子どものきょうだい関係や地域社会との関係等の「家庭内のニーズ」、生活費や医療費等の経済的問題や保護者の雇用状況等の「経済的ニー

ズ」、そして子どもの心身の発達や病気等の「子どもの発達のニーズ」の4つに分かれており、これらを把握することにより、子どもや保護者自身のニーズや子どもと保護者を取り囲む環境ニーズに至るまで包括的なニーズを把握することができる。

① 保護者のニーズ

保護者の精神的健康や身体的健康や性格、妊娠・出産時の環境等で気になることがなかったかを入力するものである。

② 家庭内のニーズ

家庭内の問題(パートナーとの関係、親族との関係、子どものきょうだい関係)や地域社会との関係(友人・知人や近隣との関係)について気になることを入力する。

③ 経済的ニーズ

生活費や医療費といった経済的問題、雇用状況について気になることを入力する。

④ 子どもの発達のニーズ

子どもの発達について身体的状況や精神的状況、喘息やアレルギー疾患等の病気などについて気になることを入力する。

(4) アセスメント結果

上記(3)の入力結果が得点化されることによって、ニーズがあるか否かが視覚的にわかるようになる。

(5) アセット

上記(3)の2)包括的ニーズアセスメントについては、アセットを積極的に記述するように設計している。たとえば、保護者の問題解決に役立つ力や、ソーシャルサポート、ニーズを満たすことのできる社会資源の情報などをできるだけ記述する。記述したアセットは、具体的な援助を展開していく際に、援助計画にも記載するなどして積極的に活用する。

これらの把握したニーズ情報は、サマリー画面や援助計画にも反映されるよう設計を行っている。

3　子育て支援コーディネート・ナビ・システムの概要

　本節では、子育て支援コーディネート・ナビ・システムの概要について解説する。子育て支援コーディネート・ナビ・システムの基本設計を表したのが図2-2（再掲）である。子育てコンシェルジュのための計画的なマネジメントを中心としたソーシャルワークとしての子育て支援の手続き（詳細な援助プロセス）である。

　子育てコンシェルジュの援助プロセスは、保護者が市町村の子育て支援担当部局や、地域子育て支援拠点事業等のひろば型の子育て支援サービスを提供している児童館等を訪問し、子どもの成長や子育てについて相談するところから始まる。単に情報の提供を求める保護者は、子育てコンシェルジュから必要な情報を得ることができれば援助は終了する。しかし、子どもの成長ニーズや子育てニーズを充足するために自治体が提供するサービスや施設を利用したいと思っている場合には、子育てコンシェルジュは保護者のことばに耳を傾け（傾聴し）、受容することによって保護者を支えながら、的確にニーズアセスメントをすることになる。子育てコンシェルジュは、そうして把握したニーズに対応するサービス資源を、第5章の子育て支援データベース・ナビ・システムを活用しながら見つけ出し、その情報を保護者に提供し、保護者がもっとも必要とするサービスや施設を選択して援助をする。そして、そうしたサービスや施設を適切に利用できるよう援助計画を作成し、保護者が確実に利用できているかどうかをモニターすることになる。子育てコンシェルジュは、モニターの結果に基づき資源の利用がニーズの充足をもたらしたかどうかを評価し、ニーズが充足されていれば援助は終結することになる。

　こうしたプロセスをフローチャート化したのが図2-2である。このフローチャートが子育て支援コーディネート・ナビ・システムの基本設計ということになる。フローチャートの上段部分に破線で囲んだ部分があるが、この部分がアセスメントに基づき子育て支援データベース・ナビ・システムを活

用して、適切な資源を検索、選択して、援助計画に反映することを示している。図6-2は、図2-2の破線で囲んだ部分の詳細を図式化したものであり、やはり子育て支援コーディネート・ナビ・システムの基本設計となる。

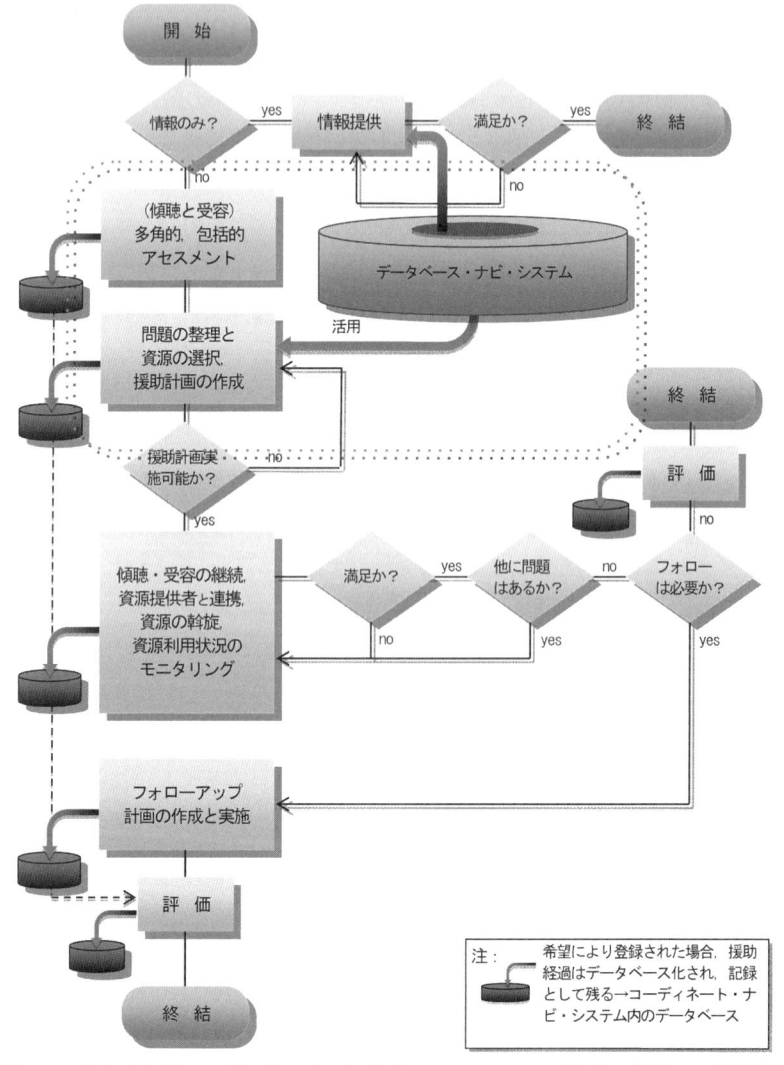

図 2-2 子育て支援コーディネート・ナビ・システムのフロー（出典　芝野 2012）（再掲）

第 6 章　子育て支援コーディネート・ナビ・システムの開発　153

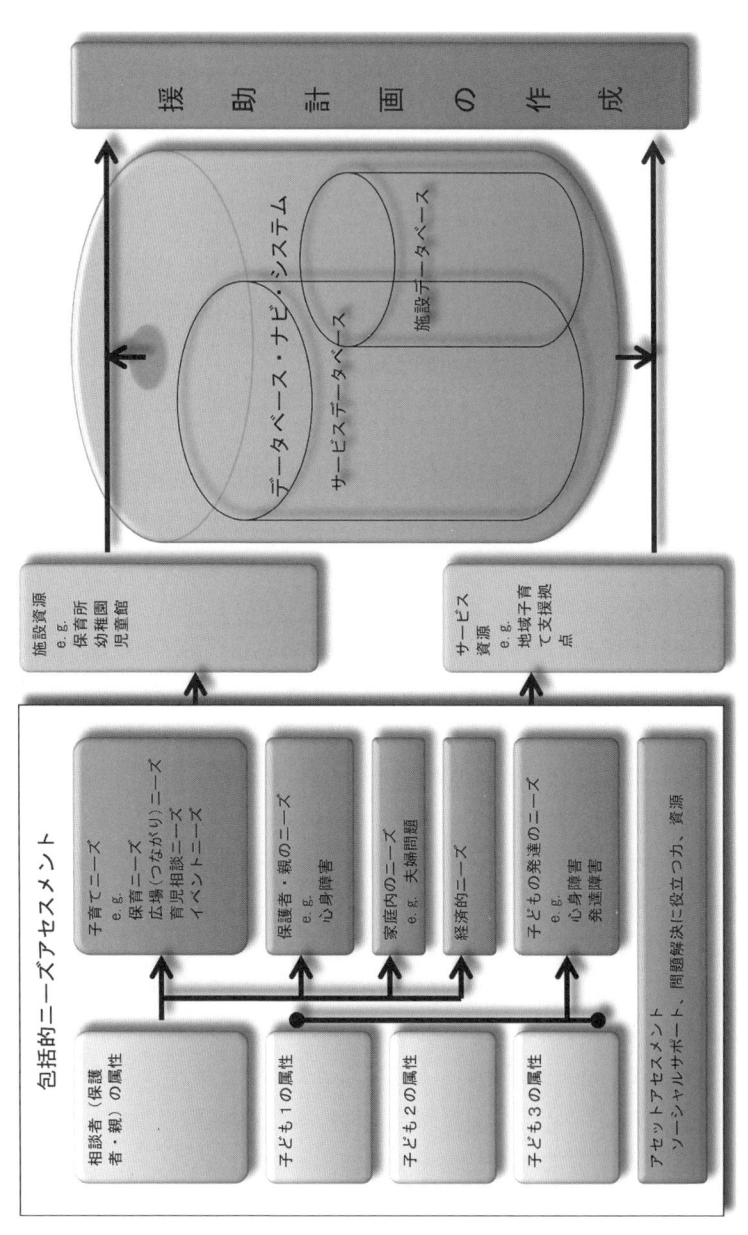

図 6-2　包括的アセスメントと子育て支援データベース・ナビ・システムの活用と援助計画の作成

1) 子育て支援コーディネート・ナビ・システムの概要

(1) トップ画面

図6-3は、子育て支援コーディネート・ナビ・システムのトップ画面である。子育てコンシェルジュは、IDとパスワードでログインした上で、子育て支援コーディネート・ナビ・システムを使って、ケースマネジメントを行っていく。

(2) 「受付記録」

図6-4は「受付記録」画面である。一度きりの相談から継続支援を行う相談までできるだけすべてのケースについて受付記録を残すことを想定している。そのため、多くの情報を入力しなくともケースとして記録できるように設計している。保護者がちょっとした相談をしたり、サービスについての簡単な情報提供を求めたりしただけで、保護者の名前や電話番号等の個人情報をたずねることは、保護者が相談に抵抗を感じるようになる可能性がある。それを避けるため、入力すべき情報は最小限にとどめている。

入力する情報は、「子ども」、「保護者」、「居住・地域」、「受付内容・相談ジャンル」の4つに分類されているが、比較的聞きやすくまた保護者が抵抗感なく話すことのできる、「子どもの名前」や「子ども性別」や「年齢（乳児、幼児、学童等大体の年齢）」といった「子ども」に関する情報や、子育てコンシェルジュが話を聴く中で分類できる「情報提供のみ」、「コーディネート」、「相談」といった「受付内容」や「保育」、「発達」、「育児」、「夫婦関係」等の「相談ジャンル」といった情報を入力するだけでケースが保存できるようになっている。詳細な情報を聴くことができた場合は、「詳細内容」タブをクリックしてケース情報を充実させることもできる。

(3) 「基本情報」

「プロフィール」として記録される。プロフィールは、「保護者のプロフィ

第6章 子育て支援コーディネート・ナビ・システムの開発 155

図6-3 トップ画面

図6-4 「受付記録」 ＊画面上の氏名などはすべて仮名

ール」(図 6-5) と「子どものプロフィール」(図 6-6) に分かれており、継続支援を行うケースを記録する。保護者が継続的に子育てコンシェルジュに相談をする場合や、コーディネートを行った場合、あるいは子育てコンシェルジュが気になるケースについては記録が必要となる。

「保護者のプロフィール」では、「名前」、「生年月日」、「性別」、「子どもとの関係」、「連絡先」、「住所」、就労の有無等の「就労情報」等を記録する。「保護者の様子」では、相談時の保護者の表情や態度から読み取れる非言語情報や、相談時の発言等の言語情報から、今後の援助に必要な情報を入力する。

「子どものプロフィール」では、「名前」、「生年月日」、「年齢」、「性別」、「きょうだいの有無」、「障がいの有無／手帳の有無」、「出産時の状況」、「就園・就学状況」等を入力する。きょうだい全員に何らかの援助が必要な場合など、対象となる子どもが複数いる場合も、プロフィールを必要なだけ増やすことができるようになっている。「子どもの様子」では、子育てコンシェルジュが子どもの様子を見ていて気付いたことや気になること等を記入する。

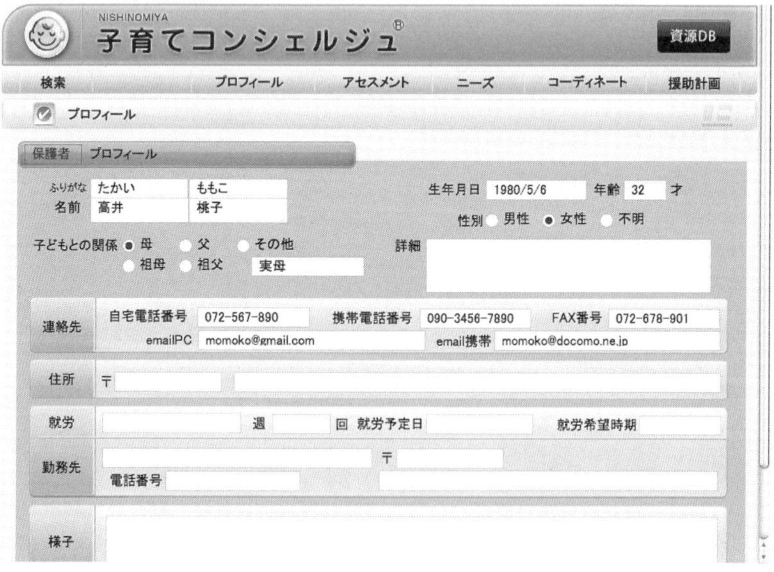

図 6-5 「保護者のプロフィール」 ＊画面上の氏名などはすべて仮名

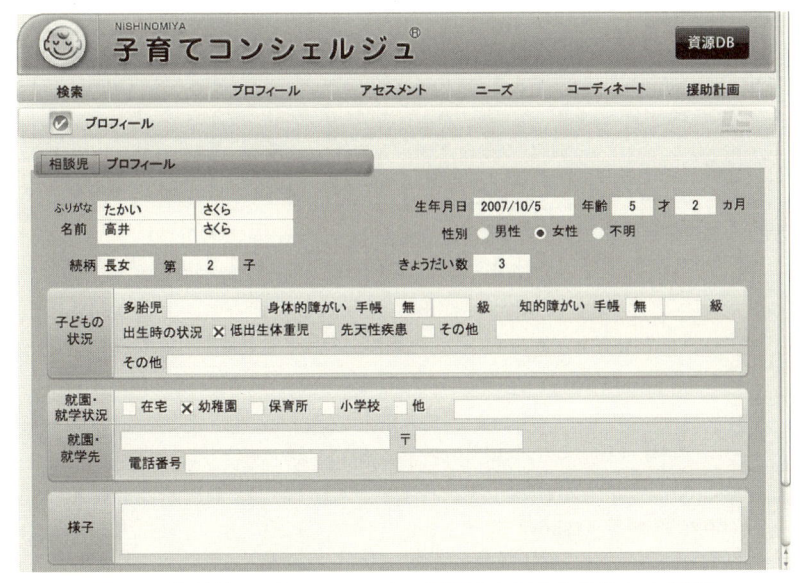

図6-6 「子どものプロフィール」＊画面上の氏名などはすべて仮名

　「プロフィール」についても1度の相談や面接ですべての項目について情報収集することは難しいと考えられるため、少ない情報入力でも次の画面に進めるように設計している。信頼関係を築く過程で収集した情報を入力し、ケース記録を充実させていく。なお、「保護者のプロフィール」、「子どものプロフィール」ともに画面上部の色の濃い枠内に示されている項目については、入力必須項目となっている。

(4)「アセスメント」
　この「アセスメント」では、保護者の養育態度や心理状況を把握する（図6-7、図6-8）。第6章「2．開発のプロセス」でも述べたが、既存の尺度を参考に新たに作成した保護者への質問項目で構成されている。これらの項目は、子育てコンシェルジュが保護者との面接の中で、たずねながら把握するものである。アセスメント項目は、ナビに表記された表現のままたずねなければならないわけではなく、保護者にとって分かりやすい表現に変更して構わない。保護者の養育態度をたずねるものを「保護者の養育態度アセスメン

図6-7 「アセスメント」① ＊画面上の氏名などはすべて仮名

図6-8 「アセスメント」② ＊画面上の氏名などはすべて仮名

ト」、保護者の日常生活での満足度をたずねるものを「保護者の日常生活満足度アセスメント」と表記している。

　子育てコンシェルジュは、保護者との信頼関係を築きながら、本アセスメントを行う中である程度客観的に保護者の養育態度や心理状況を把握することができる。

(5)「ニーズ」

　包括的ニーズアセスメントのことを「ニーズ」と表記している。包括的ニーズアセスメントには第6章「2. 開発のプロセス」で述べた通り4つの側面がある。それらは「保護者のニーズ」、「家庭内のニーズ」、「経済的ニーズ」、「子どもの発達のニーズ」である。

右上部の「ニーズ」タブをタップすると、図6-9の画面が表示される。ここでは図6-9の「保護者のニーズ」入力画面を使って「ニーズ」把握画面について概要を説明する。

　「保護者」、「家庭内」、「経済」、「子どもの発達」の4つのタブがついており、各タブをタップすればそれぞれのニーズを入力できるようになる。画面上部には、受付IDや保護者の名前、子どもの名前、居住地区、担当者といった基本情報が自動的に表記される。また、右上段の日付は、これまでのニーズ把握のログを表している。矢印を選択すると、選択した日付に実施した過去のアセスメントやニーズ把握の状況を見ることができる。「書き出し」ボタンをタップすれば、簡便にニーズ把握結果をExcelのcsvファイルに出力することもできる。

　これらニーズ把握画面では、いずれも該当の項目について「気になることがある」か「ない」かをチェックすることが基本となっている。「気になることがある」（画面上は「はい」）にチェックした場合のみ、詳細な内容を記録する形式を取っている。たとえば、図6-9の「保護者のニーズ」では、「1. 保護者の精神的健康状態で気になることがありますか？」に対し、「はい」にチェックした場合のみ、下位項目（「情緒的に不安定」、「うつ傾向」など）にチェックを入れることとなる。また、下位項目にあてはまらない場合は、「その他」にチェックを入れて、その内容を記述する。

　また、図6-9の下部には「アセット」項目がある。ここでは、ニーズや問題点にばかり注目するのではなく、本人や子ども、家族や環境の持つアセット（強みやストレングス）を見つけ記入する。「問題解決に役立つ力」、「フォーマルソーシャルサポート」、「インフォーマルソーシャルサポート」、「ニーズを満たす資源」の4つの項目があり、1つまたは複数にチェックを付け、その内容を記入することとなる。これら「アセット」は、計画的マネジメントを行う際に活用する。

　「アセット」を除く項目で「気になることがありますか」に対して「はい」にチェックを入れた場合のみ、得点化がされるよう設計しており、右下部分に点数が表示される。点数化されることで、どのニーズにまず対応するべきか把握しやすくなる。

図 6-9 「保護者のニーズ」 ＊画面上の氏名などはすべて仮名

① 保護者のニーズ（図 6-9）

保護者の「精神的健康状態」、「性格」、「身体的健康状態」、「妊娠・出産時等の環境」の4つを把握する。「妊娠・出産時等の環境」とは、第1子の子育てである場合や、産後うつ傾向があった場合、あるいは望まぬ妊娠・若年妊娠である場合等、一般的に子どもの虐待やネグレクトのリスクが高いと言われる要因を把握することを目的としている。また、子ども自身の先天性の疾患や低体重児出産であったこと等、子どもの"育てにくさ"につながるような要因についても把握する。

② 家庭内のニーズ（図 6-10）

家庭内のニーズは、「パートナーとの関係」、「親族との関係」、「子どものきょうだい関係」、「友人・知人や近隣との関係」の4つで気になることがあるかどうかをたずねている。図6-10では、画面の一部しか表示していないが、スクロールすればすべての項目に入力が可能である。

「パートナーとの関係」は、不和や対立の有無や、暴力（DV）の有無、家事・育児への協力の有無、パートナーとのコミュニケーションの状況等について気になることを把握する。「親族との関係」は、同居親族や別居親族との関係や、親戚を日常的に頼りにすることができるか否かを、「子どものきょうだい関係」では、きょうだいの障がいの有無、未熟児や多胎児の有無等を把握する。「友人・知人や近隣との関係」では、友人・知人の有無、近隣近所との付き合いの有無、インフォーマルな相談相手の有無等を把握する項目となっている。

③ 経済的ニーズ（図 6-11）

経済的ニーズは、「生活費用」、「教育・医療費」、「本人の雇用状況」、「パートナーの雇用状況」の4つで構成されている。「家庭内ニーズ」と同様に画面をスクロールすれば、すべての項目を入力することができる。

「生活費用」についてでは、借金問題の有無、生活保護受給の有無、金銭管理等で気になることを入力する。「教育・医療費」では、保育料や幼稚園費用等の教育費用や、子どもの病気の治療や本人やパートナーの病気の治療にかかる医療費等について気になることがあるかどうかを把握する。「本人の雇用状況」および「パートナーの雇用状況」では、不安定雇用や失業の有

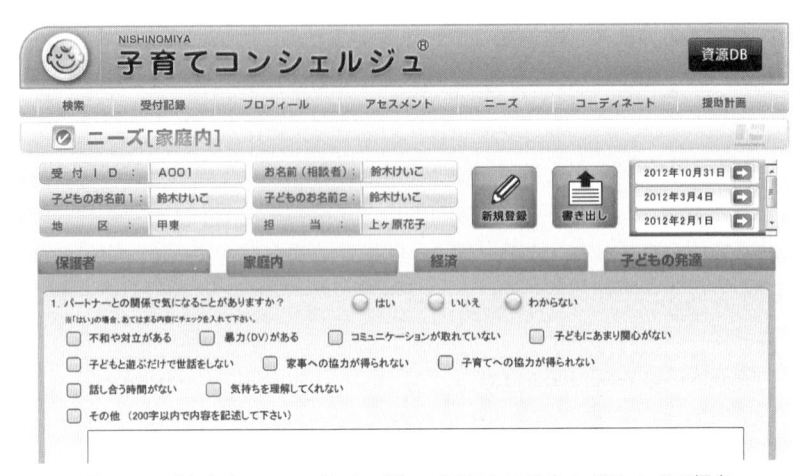

図 6-10 「家庭内のニーズ」（一部）＊画面上の氏名などはすべて仮名

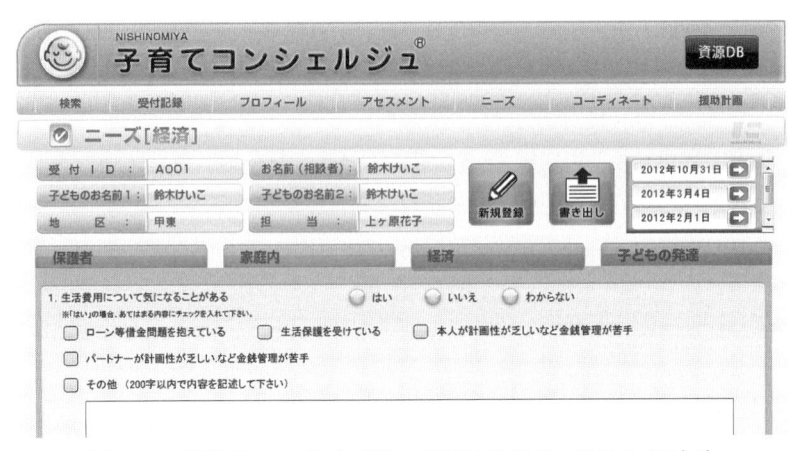

図 6-11 「経済的ニーズ」（一部）＊画面上の氏名などはすべて仮名

無、傷病等による休職の有無等を入力する。

④ 子どもの発達のニーズ（図 6-12）

　子どもの発達のニーズでは、子どもの心身の成長や病気等について気になることを把握する。「発達・発育」、「持病等」、「精神的な状況」、「その他子どもの様子」の4つで構成されている。「発達・発育」は、全体的な発達の遅れやアンバランスさ、ことばの発達の遅れ、発達障がいや知的障がいの可

図6-12 「子どもの発達のニーズ」（一部）＊画面上の氏名などはすべて仮名

能性の有無等を把握する。「持病等」では、慢性疾患やアトピー、喘息やてんかん等の有無について把握する。「精神的な状況」では、子どもの表情や行動面等に関して障がい以外の理由と考えられる精神的な状況について気になることを把握する。「その他子どもの様子」では、不自然なけがやアザの有無、衣服の清潔さ等保護者による身体的虐待やネグレクト等の傾向がないかどうかを把握する。

(6)「援助計画」

次に援助計画について説明する。援助計画は、計画的マネジメントを行う際に不可欠であり、継続的な援助を行う際には、保護者の養育態度や保護者の日常生活満足度のアセスメント、包括的ニーズアセスメントを行った後に必ず作成する。「主たる問題」、「援助方針」、「目標」の3部門に分かれており、それぞれタブをタップすれば入力が可能となる。

「主たる問題」（図6-13）では、保護者の養育態度や保護者の日常生活満足度のアセスメント、包括的ニーズアセスメントを行うことで明確になった、子育てコンシェルジュから見た解決すべき問題を明記する。保護者の感じている問題（主訴）と子育てコンシェルジュが考える問題とは異なっていることも多いため、いずれも入力できるようになっている。また、アセット

についても明記する。保護者の氏名や性別、子どもの氏名等のデータは、プロフィール情報から自動的に表示されるよう設計している。

「援助方針」（図6-14）では、アセスメント結果から子育てコンシェルジュが必要と考えた援助の方針を記録する。関係機関やサービスを保護者に紹介した場合には「主なコーディネート先」や「主な連絡先・キーパーソン」にも記録する。キーパーソンには、援助機関等のフォーマルなサービス提供者のみでなく、インフォーマルな社会資源である保護者の友人・知人や家族等も含まれる。またアセスメントの回数や変化についても記録でき、次回のアセスメントや援助計画の検討のタイミングについても記録を残すことができる。

「目標」（図6-15）では、援助目標を最終的に達成したい目標（長期目標）と短期目標に分けて明記することで、より具体的に援助を遂行することができる。短期目標では優先的・重点的課題等も記録できるため、解決すべき問題が明確化され、速やかに援助計画の実施が行えるようになる。また、援助が終結する際には、終結に向けた評価についても記入することができる。

図6-13　「援助計画」（主たる問題）

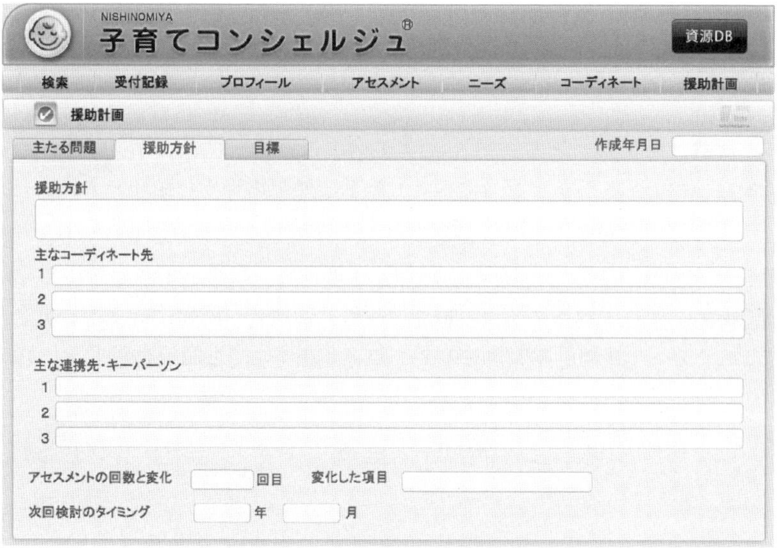

第 6 章　子育て支援コーディネート・ナビ・システムの開発　165

図 6-14　「援助計画」（援助方針）

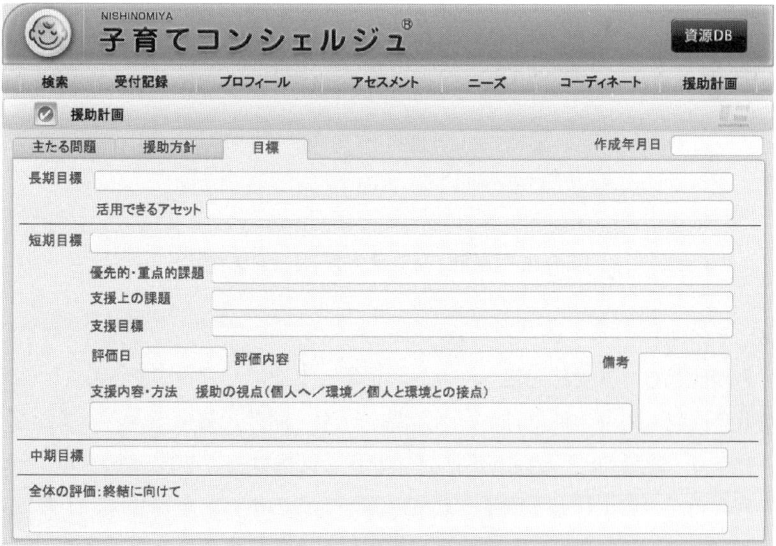

図 6-15　「援助方針」（目標）

以上 (1) から (6) が子育てコンシェルジュの子育て支援コーディネートに関わる概要の説明である。

(7) 統計・メンテナンス

次に、統計・メンテナンスについて簡単に説明を行う。統計・メンテナンスは主に管理者が使用することを想定して設計している。図 6-16 は、データベース情報やユーザー ID 等の追加・編集、および統計情報を抽出する画面である。データベース情報の追加・編集は管理者が簡便に行うことができるようになっており、最新の情報を手早く更新できるように設計している。

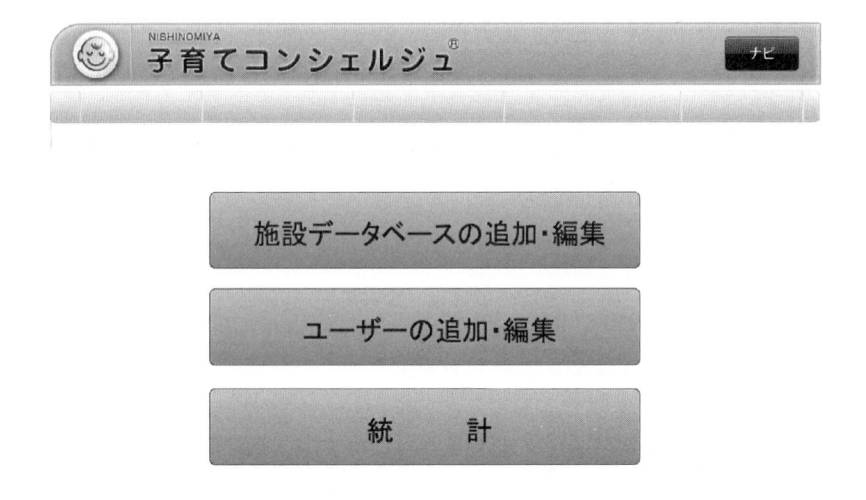

図 6-16 「統計・メンテナンス」（管理者用）

(8) その他

その他として「受付記録」やコーディネート記録から検索できる「ナビの検索」機能もあり、簡単にケース記録を検索・閲覧・編集できる。また図 6-17 の①「資源 DB」というボタンは子育て支援コーディネート・ナビ・システム画面の右上に必ず表示されているが、このボタンを押せば、子育て支援データベース・ナビ・システムに簡単にジャンプすることができる。同様に、図 6-18 の②「ナビ」ボタンは、子育て支援データベース・ナビ・シス

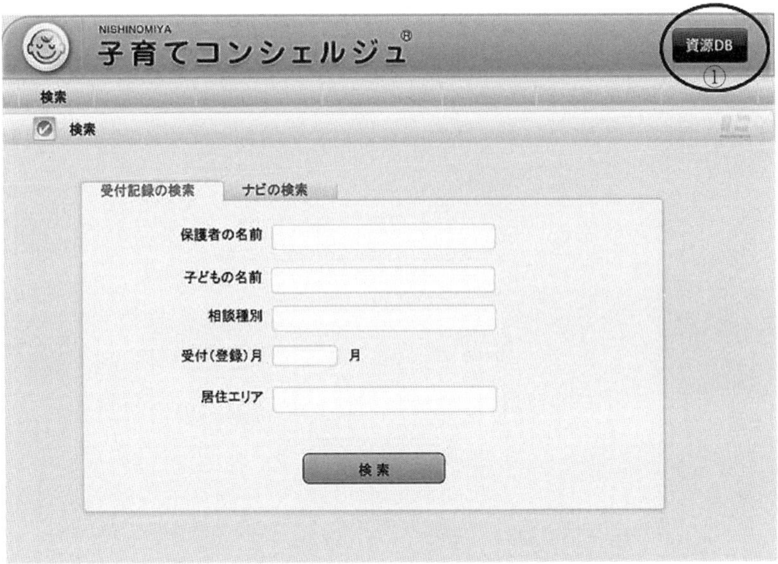

図 6–17　コーディネート・ナビの「検索」画面

図 6–18　データベース・ナビからコーディネート・ナビにジャンプするボタン

テム画面右上に表示されており、このボタンをタップすれば、子育て支援コーディネート・ナビ・システム画面にジャンプできる。データベースとコーディネートのナビゲーションシステムを簡便に行き来することができる点も、本システムの特徴と言えるであろう。

まとめに換えて
ソーシャルワークとしての子育て支援コーディネート実践モデルの課題と展望

1 まとめと課題

　本書の目的は、地域における子育て支援の要とも言える子育て支援コーディネートをソーシャルワークとして捉え、実践モデルを開発するプロセスと開発成果について報告することであった。

　当初、子育て支援は、超少子高齢化を迎える日本の社会が抱えるさまざまな問題の解決策の1つとして、少子化の歯止めを目的とした施策であった。しかし、今や社会保障として地域における子どもと子育てを社会全体で支援する大国家プロジェクトとなっている。

　現在各自治体では次世代育成支援行動計画に基づき子どもの成長（子育ち）とそれを支える親の成長（親育ち）を支援する数多くのサービスが提供され、子育ちと親育ちを支える地域の成長（地域育ち）が徐々にではあるが進みつつある。しかし、保育・幼児教育に関する情報のみならず、8割を超える在宅での乳幼児子育て家庭に対して自治体が提供するサービスの内容や利用方法に関する詳細な情報の提供、そして、そうしたサービスの適切な選択と利用について具体的な支援を求める声は強い。当初の「子育て支援総合コーディネート事業」は、そうした要望に応えるものであらねばならなかっ

た。子育ちと親育ちを支援するために、利用者のもっとも必要とするときにもっとも必要とするサービスに関する情報を提供し、確実に利用へと結びつけるという「人と環境の接点におけるマネジメント」が求められていた。筆者らはこうした役割をピーム（PEIM）と呼び、ソーシャルワークの要の機能としてのケースマネジメントと考えている。しかし、その後の事業の変遷において、本来の機能は薄れて行った。現在児童福祉法第二十一条の十一に子育て支援総合コーディネートに関わる記述があり、2012（平成24）年8月の「子ども・子育て支援法」の第五十九条第一項にも同様の記述があるが、本来のピームとしての機能は後退していると言わざるを得ない。

こうした状況を踏まえ、子育て支援コーディネートをソーシャルワーク、ことに人と環境との接点におけるマネジメント（ピーム）として捉え、「子育て支援コーディネート」実践モデルを開発することを決断した。日本学術振興会科学研究費助成を得て、実践モデルの研究開発手続きである M-D&D に沿いながら、3年の開発プロセスを経て実践モデルの叩き台をデザインした。その成果報告が本書である。

地域で子育て支援拠点事業を実施している児童館や保育所などにおいて子育て支援コーディネートを担う「子育てコンシェルジュ」は、子育て支援のコーディネーターとして子どもとその保護者（親）、すなわち利用者と接することになる。子どもの話に耳を傾け、遊ぶ姿を観ながら、また、保護者の声を聴き、寄り添いながら、子育てコンシェルジュはソーシャルワーカーとして子どもと保護者のニーズをアセスメントすることになる。そこにはこれから大人へと成長する子どもと、子育てに不安や負担を感じながらも次世代の社会の担い手を育てていることに生き甲斐を感じたいと思っている保護者がいる。そうした利用者に深い思いやりを持つ姿勢を崩さず、暖かく接し、受け入れることによって、子育てコンシェルジュは、利用者との間に信頼関係を結ぶことができるのである。

こうした信頼関係に基づき、子育てコンシェルジュは、今子どもと保護者は何を必要としているのか（ニーズ）を聴き出す。そして、そのニーズを満たすもっとも適切な社会資源（サービス）を地域子育て支援で提供される数多くのサービスの中から選び出し、情報を提供する。子育てコンシェルジュ

の仕事は、単なる情報の提供には留まらない。利用者が情報提供したサービスを確実に利用できるよう援助する。すなわち利用者をサービスにリンクし、利用状況を継続的にモニターすることになる。そして、そのサービスの利用が利用者のニーズを満たすことができたのかどうかを評価するのである。こうした援助活動の詳細は、よりよいマネジメントとサービスの質の向上に資するようにデータベース化され、活用されることになる。

　本書では、子育てコンシェルジュが、経験の如何を問わず、このようなケースマネジメントができるようにガイドする実践モデルと実践マニュアルを、ICT を活用して iPad や iPad mini で利用できるソフトウェアとして研究開発したプロセスと成果を詳細に紹介した。

　3 年目を迎え、開発は M-D&D のフェーズⅢにあり、叩き台を試行・改良している段階にある。子育て支援データベース・ナビ・システムに関しては、このシステムを利用し、情報を求めてくる利用者の相談に応じる子育てコンシェルジュや自治体の子ども家庭支援に関わる部署の担当者を対象に試行・改良を終わったところである。子育て支援コーディネート・ナビ・システムに関しては、開発された叩き台の試行・改良に取りかかったところであり、今後、利用者である保護者をも対象にして試行・改良していくという課題が残っている。

　本研究では、地域子育て支援に関する社会資源のデータベースを開発するのに多くの時間を割くこととなった。子ども家庭相談や子育て支援に関しては、多数かつ多様な社会資源の活用が重要であり、子ども・子育てという切り口で、縦割りではなく、関係部局に横串を通すような連携が必要となる。近年、多くの自治体では、関係部間の連携が容易になるように包括的な組織を設ける傾向にある。こうした動きは、膨大な社会資源をデータベース化するのに好都合であり、容易に情報が得られると筆者らは考えていた。しかし、現実はそうではなかったのである。したがって、今後普及を目指して、さまざまな自治体で子育て支援コーディネート実践モデルのための社会資源データベースをカスタマイズする場合は、当該自治体の連携の程度の見極めと、開発プロセスをわかりやすく説明し、開発に参加してもらえるように、事前の準備（いわゆる根回し）が課題となる。

子育て支援データベース・ナビ・システムの開発に比べると、子育て支援コーディネート・ナビ・システムの開発は、本研究での開発成果が直接に活かせるところであり、各自治体の事情に合わせたカスタマイズと普及は比較的容易であると思われる。しかし、自治体の財政状況や人材といった要素は、本研究の調査結果からもわかるように、子育て支援コーディネート実践モデルの実施、推進に大きく影響するものである。ソーシャルワークとしての子育て支援実践モデルがなぜ必要なのか、どのような利点があり、どのような結果を生み出すのかについて丁寧に説明してくことが課題となろう。

2　展望

　今後、開発された実践モデルは、センター型の拠点事業を実施している保育所や児童館だけではなく、ひろば型の事業を実施しているさまざまなセッティングに普及される必要があると考えている。子育てをしている家庭に近いところに、子育てコンシェルジュの活躍の場がなければならない。地域の身近な場において子どもと保護者（親）に寄り添って、子育て支援コーディネートは実施されなければならないのである。だが、そうした身近な場での人材の確保は容易ではない。ソーシャルワークの視点、技術、価値観を共有し、人と環境（制度）との接点でケースマネジメント（ピーム）を行うことのできる人材の育成は、一朝一夕にできるものではない。社会福祉士や精神保健福祉士といった資格を持つ人材や地域ですでにソーシャルワークを実施している専門職を子育てコンシェルジュとして養成することが望ましい。しかし、子ども・子育て支援に関わる多様な人材が、研修を通してソーシャルワークについて理解を深めるとともに、本書で紹介したナビゲーション・システムがインストールされ、どこにでも持ち運べる iPad や iPad mini などの機器を活用すれば、子育てコンシェルジュとして育成することは可能であると考えている。熟練した常勤の人材だけではなく、経験や勤務形態に関わらず、子育てコンシェルジュとして育成し、ピームを実践することのできる人材を確保することができるのではないかと考えている。

保育所や児童館などに留まらず、保護者や子どもの子育ち・親育ちに関わるサービスを提供する多様な場で、すなわち地域の中のさまざまな「人と環境（制度）との接点」で、実践マニュアルであるナビゲーション・システムを携帯する子育てコンシェルジュを配置することによって、社会全体で地域の子育てを支援するというビジョンの実現に大いに貢献することができると考えている。ソーシャルワークの視点をしっかりと持った子育てコンシェルジュは「ユビキタス」でなければならない。ユビキタスとは、至る所に存在することを意味している。子育てコンシェルジュは地域の至る所に出没し、子どもと保護者の声に耳を傾け、コンパッションを持って寄り添い、子育ちと親育ちに関わるニーズを把握する。そして、ニーズに合った社会資源についての情報を提供し、もっとも必要とされる適切なサービスを確実に利用してもらえるように援助する。子育てコンシェルジュは、こうした子ども・子育て支援に大いに貢献するのである。

〈引用文献〉

Breul, F. R. and Diner, S. J.（1985）*Compassion and Responsibility : Readings in the History of Social Welfare Policy in the United States,* The University of Chicago Press.
Briar, S. and Miller, H.（1971）*Problem and Issues in Social Casework.,* Columbia University Press.
Briar, S.（1974）What Do Social Workers Do?, *Social Work,* 19, 386.
度山徹（2006）「「子ども・子育て応援プラン」の展開と「新しい少子化対策について」のとりまとめ」『母子保健情報』54, 69–73.
Fortune, A. E.（1985）*Task-Centered Practice with Families and Groups,* Springer Publishing Company.
Germain, C. B. ed.（1979）*Social Work Practice : People and Environments, an Ecological Perspective,* Columbia University Press.
Germain, A. and Gitterman, C. B.（1980）*The Life Model of Social Work Practice,* Columnbia University.
Gitterman, A. and Germain, C. B.（2008）*The Life Model of Social Work Practice（Third Edition）: Advances in Theories and Practice,* Columbia University Press.
橋本真紀（2009）「地域子育て支援における保育所や保育士の役割－地域子育て支援センター事業実施要綱改正の経過から－」『こども環境学研究』5(3), 25–34.
平田祐子（2012）「子育て支援総合コーディネート事業の変遷－子ども家庭福祉分野のケースマネジメントとしての必要性－」『Human Welfare』4, 55–68.
平田祐子（2013）『ケースマネジメントとしての子育て支援総合コーディネートの推進要因と課題の検証』関西学院大学博士学位論文.
平田祐子・芝野松次郎・小野セレスタ摩耶（2012）「子育て支援総合コーディネーターの「力量」に関する研究」『子ども家庭福祉学』12, 93–105.
Hollis, F.（1970）The Psychosocial Approach to the Practice of Casework, In Roberts, R. W. & Nee, R. H. eds. *Theories of Social Casework,* The University of Chicago Press, 33–75.
Hollis, F.（1972）*Casework : A Psychosocial Therapy（Second Edition）,* Random House.
Hudson W. Walter（1982）*The Clinical Mesurement Package, a Field Manual,* the dorsey press.
次世代育成支援システム研究会　監修（2003）『社会連帯による次世代育成支援に向けて－次世代育成支援施策のあり方に関する研究会報告書－』ぎょうせい.
次世代育成支援対策研究会（2003）『次世代育成支援法の解説』社会保険研究所.
閣議決定（2009）「明日の安心と成長のための緊急経済対策」資料.

柏女霊峰・山本真実・尾木まり・谷口和加子・林茂男・網野武博・新保幸男・中谷茂一（1999）「保育所実施型地域子育て支援センターの運営及び相談活動の分析」『日本子ども家庭総合研究所紀要』36, 29-39.

柏女霊峰（2004）「子育て支援と行政の取り組み」『臨床心理学』4(5), 579-585.

柏女霊峰（2005）『次世代育成支援と保育 子育ち・子育ての応援団になろう』全国社会福祉協議会.

柏女霊峰（2006）「少子化対策を考える－少子化対策から次世代育成支援対策へ－」『生活協同組合研究』8, 28-33.

厚生労働省（2002）「2002（平成 14）年に実施した評価の結果」資料.

厚生労働省雇用均等・児童家庭局（2003 a）「地域行動計画策定市町村等担当課長会議」資料.

厚生労働省雇用均等・児童家庭局（2003 b）「全国厚生労働関係部局長会議厚生分科会資料 雇用均等・児童家庭局 連絡事項 少子化対策について」資料.

厚生労働省雇用均等・児童家庭局（2004）「雇用均等・児童家庭 局予算（案）の概要」資料.

厚生労働省雇用均等・児童家庭局（2009）「全国厚生労働関係部局長会議（分科会）」資料.

厚生労働省雇用均等・児童家庭局総務課少子化対策企画室（2004 a）「子育て支援総合推進モデル市町村一覧」資料.

厚生労働省雇用均等・児童家庭局総務課少子化対策企画室（2004 b）「子育て支援総合推進モデル市町村について」資料.

厚生労働省雇用均等・児童家庭局総務課少子化対策企画室（2010）「地域子育て支援拠点事業の概要と展望」資料.

厚生労働省雇用均等・児童家庭局（2012）「家庭支援専門相談員、里親支援専門相談員、心理療法担当職員、個別対応職員、職業指導員及び医療的ケアを担当する職員の配置について」雇児発 0405 第 11 号平成 24 年 4 月 5 日.

厚生労働省社会保障審議会少子化対策特別部会（2009）「石川県のマイ保育園登録制度について」少子化対策特別部会（第 28 回）参考資料.

厚生省（1980）「人口の再生産率の年次推移」『厚生白書（昭和 55 年版）』厚生省.

厚生統計協会（2007）『厚生の指標 国民の福祉の動向』54(12) 厚生統計協会.

久保紘章・副田あけみ（2005）『ソーシャルワークの実践モデル－心理社会的アプローチからナラティブまで』川島書店.

桑田繁・芝野松次郎（1990）「ソーシャル・ワーク実践における R&D の試み－0 歳児を持つ母親に対する母子相互作用スキル指導プログラムの調査開発例－」『関西

学院大学社会学部紀要』61, 49-82.

内閣府・文部科学省・厚生労働省（2012）「子ども・子育て関連 3 法案について（2012 年 9 月 8 日実施）」子ども・子育て関連法説明会資料.

内閣府（2003）「第 10 回社会保障審議会児童部会議事録」資料.

内閣府（2004）『平成 16 年版　少子化社会白書』ぎょうせい.

内閣府（2008 a）『平成 20 年版　少子化社会白書』佐伯印刷.

内閣府（2008 b）「第 16 回社会保障審議会少子化対策特別部会議事録」資料.

内閣府（2009）『平成 21 年版　少子化社会白書』佐伯印刷.

内閣府（2010 a）『子ども・子育てビジョン～子どもの笑顔があふれる社会のために～』少子化社会対策基本法（平成 15 年法律第 133 号）第 7 条の規定に基づく大綱.

内閣府（2010 b）『平成 22 年版　子ども・子育て白書』佐伯印刷.

内閣府（2011）『平成 23 年版　子ども・子育て白書』勝美印刷.

内閣府（2012）『平成 24 年版　子ども・子育て白書』勝美印刷.

内閣府少子化社会対策会議（2004）「少子化社会対策大綱」内閣府.

内閣府少子化社会対策会議（2010）「子ども・子育て新システムの基本制度案要綱」資料.

内閣府少子化社会対策会議（2011）「子ども・子育て新システムに関する中間とりまとめについて」資料.

Naleppa, M. J. and Reid, W. J.（2003）*Gerontological Social Work : A Task-Centered Approach,* Columbia University Press.

岡村重夫（1957）『社会福祉学総論』柴田書店.

岡村重夫（1963）『社会福祉学各論』柴田書店.

岡村重夫（1968）『全訂社会福祉学（総論）』柴田書店.

岡村重夫（1983）『社会福祉原論』全国社会福祉協議会.

小野セレスタ摩耶（2003）「6 歳以下の子どもを持つ母親の保育利用に関する実態と保育需要に関わる要因の分析－T 市保育に関する市民意識調査より－」関西学院大学大学院社会学研究科 2002 年度修士論文.

小野セレスタ摩耶（2011）『次世代育成支援行動計画の総合的評価－住民参加を重視した新しい評価手法の試み－』関西学院大学出版会.

恩賜財団母子愛育会日本子ども家庭総合研究所（2009）『子ども虐待対応の手引き－平成 21 年 3 月 31 日厚生労働省の改正通知』有斐閣.

Pecora, P. J. et al.（2009）*The Child Welfare Challenge : Policy, Practice, and Research (Third Edition)*, Aldine De Gruyter.

Perlman, H. H. (1952) *Social Casework : A Problem-Solving Process,* The University of Chicago Press.

Perlman, H. H. (1970) The Problem-Solving Model in Social Casework. In Roberts, R. W. & Nee, R. H. eds. *Theories of Social Casework,* The University of Chicago Press, 129–179.

Pumphrey, R. E. (1959) Compassion and Protection : Dual motivation in Social Welfare, *Social Service Review,* 33, 21–29.

Reid, W. J. (1979) The Model Development Dissertation, *Journal of Social Service Research,* 3, 215–225.

Reid, W. J. and Epstein, L. (1972) *Task-Centered Casework,* Columbia University Press.

Reid, W. J. and Smith, A. D. (1981) *Research in Social Work,* Columbia University Press.

Richmond, M. E. (1917) *Social Diagnosis,* Russell Sage Foundation.

Richmond, M. E. (1922)*What is Social Case Work? − An Introductory Description,* Russell Sage Foundation.

Richmond, M. E. (1971) *The Poverty, U.S.A. − The Historical Record,* Arno Press & The New York Times.

Roberts, R. W. and Nee, R. H. (1970) Theories of Social Casework. Chicago : The University of Chicago Press.

Rose, S. M., (1992) *Case Management and Social Work Practice,* Longman.（= 1997，白澤政和・渡部律子・岡田進一監訳『ケースマネージメントと社会福祉』ミネルヴァ書房．）

Rose, S. M. and Moore, R. H. (1995) *Case Management, Encyclopedia of Social Work（19 th Edition）,* NASW, 335–340.

Rothman, J. and Thomas, E. J. (1994) *Intervention Research : Design and Development for Human Services,* Haworth Press.

Rubin, A (1987) Case Management, *Social Work* 28(1), 49–54.

芝野松次郎　編著（2001）『子ども虐待ケース・マネジメント・マニュアル』有斐閣．（寺本典子　CD-ROM マニュアル作成）

芝野松次郎（2002）『社会福祉実践モデル開発の理論と実際−プロセティック・アプローチに　基づく実践モデルのデザイン・アンド・ディベロップメント』有斐閣．

芝野松次郎（2007）「社会福祉領域における援助」『朝倉心理学講座第 17 巻　対人援助の心理学』朝倉書店，51–81．

芝野松次郎（2009）「ソーシャルワーク理論におけるモデル開発の意義を問う」『社会

福祉実践理論研究』18, 27-36.
芝野松次郎（2012 a）「社会福祉系大学における人材養成の意義と課題－いかに研究と実践の成果をソーシャルワーク教育課程に反映させるか－」『社会福祉研究』鉄道弘済会，21-29.
芝野松次郎（2012 b）「ソーシャルワークにおける開発的研究と実践のイノベーション－子育て支援総合コーディネート実践モデルの開発を例として」芝野松次郎・小西加保留　編著『社会福祉学への展望』相川書房，253-274.
Smalley, R. E.（1970）The Functional Approach to Casework Practice, In Roberts, R. W. and Nee, R. H. eds. *Theories of Social Casework,* The University of Chicago Press, 77-128.
総務省（2004）『少子化対策に関する政策評価書－新エンゼルプランを対象として－』総務省．
Speckt, H. and Courtney, M. E.（1997）*Unfaithful Angels : How Social Work Has Abandoned Its Mission,* Free Press.
Stein, T. J. and Rzepnicki（1983）*Decision Making at Child Welfare Intake : A Handbook for Social Workers,* Child Welfare League of America.（＝1988，芝野松次郎・家庭養護促進協会　監訳『児童福祉院テーク－意思決定のための実践ハンドブック』ミネルヴァ書房．）
Thomas, E. J.（1978）Mousetraps, Developmental Research, and Social Work Education, *Social Service Review,* 52, 468-483.
山縣文治（2002）『現代保育論』ミネルヴァ書房．
吉野諒三・山岸侯彦・千野直仁（2007）『数理心理学－心理表現の論理と実際－』培風館．

無断転載不可

資料1

子育て支援総合コーディネート事業に関する実態調査

　本調査は、平成22年度日本学術振興会（文部科学省）科学研究費補助金（基盤研究（B）、課題番号 22330178）『ソーシャルワークとしての「子育て支援総合コーディネート」実践モデルの開発的研究』に関する実態調査です。

　この調査は、子育て支援総合コーディネート事業推進の実施状況を把握するために全市区町を対象に実施するものです。実態把握し、総合コーディネートを実践する具体的な手続き（実践モデル）を開発することによって事業の資質向上に資することを目的としています。

　ご多忙の折とは存じますが、何卒ご協力を賜わりますようお願い申し上げます。

　なお、調査結果は、統計的に処理されますので、個別の市区町が特定できるような情報は一切公開いたしません。安心してお答えください。

市区町担当者用アンケート用紙

〈ご記入に関してのお願い〉

1. 本質問紙は、各市区町の**子育て支援担当部局宛**にお送りしていますが、**担当以外の部局に届きました場合は、お手数ですが担当部局へまわしていただきますよう**お願いいたします。
2. **子育て支援総合コーディネート事業を実施しておられない場合もお考えをお聞かせください。**
3. 質問紙は全部で20ページあります。ページ数が多くなっていますが、**くれぐれもご記入漏れのないように最後まで質問にお答えいただきますよう**お願い申し上げます。
4. アンケートの2ページ目に子育て支援総合コーディネート事業の法的根拠について説明しておりますので、よくお読みください。また別紙「厚生労働省よりのご協力願い」の裏面、「子育て支援総合コーディネートとは」をご参照の上、その定義に基づいてお答えください。
5. 質問は、ほとんどが選択肢式となっています。選択肢式では、「**ひとつだけチェック☑**」をつけていただく場合と「**複数回答可☑**」である場合があります。各質問の指示に従ってお答えください。
6. お答えいただきましたアンケート用紙は、アンケートに同封しております封筒に封入・厳封後、**12月10日（金）必着**でご返送いただきますようお願いいたします（切手は不要です）。
7. 同封のペンとクリアファイルはご返送いただく必要はございません。ご自由にお使いください。

※本アンケートには子育て支援総合コーディネート事業を貴市区町が実施していない場合も必ずお答えください。

この調査についてご不明な点やご質問等ありましたら下記までお問い合わせください。

　日本学術振興会（文部科学省）科学研究　研究代表者　芝野松次郎
　《連絡先》
　　関西学院大学人間福祉学部　芝野松次郎研究室
　　　〒662-8501　兵庫県西宮市上ヶ原1番町1-155
　　　　　　　　　TEL/FAX　0798-54-6171
　　　　　　　　　E-mail　　shibanokaken2010@gmail.com

スタート

回答進捗状況

1

無断転載不可

本アンケートにお答えいただくにあたってのお願い
※必ず読んでからアンケートにお答えください。

〈子育て支援総合コーディネート事業について〉

　子育て支援総合コーディネート事業は、すべての子育て家庭の親と地域子育て支援事業において提供されているサービスとをつなぐ重要な役割をになっています。平成15年に厚生労働省の予算で国庫補助化された制度ですが、現在は一般財源化されています。現行の児童福祉法第二十一条の十一にその規定があり、「**当該保護者が最も適切な子育て支援事業の利用ができるよう、相談に応じ、必要な助言を行うものとする**」と明記されているように、本事業が地域子育て支援の要であることがわかります。以下に条文の内容を転載しますので、参照してください。

> 児童福祉法（昭和二十二年十二月十二日法律第百六十四号）
> 　　　　　　　　　　最終改正：平成二〇年一二月一九日法律第九三号
> 第二十一条の十一　市町村は、子育て支援事業に関し必要な情報の提供を行うとともに、保護者から求めがあつたときは、当該保護者の希望、その児童の養育の状況、当該児童に必要な支援の内容その他の事情を勘案し、当該保護者が最も適切な子育て支援事業の利用ができるよう、相談に応じ、必要な助言を行うものとする。
> 　○2　市町村は、前項の助言を受けた保護者から求めがあつた場合には、**必要に応じて、子育て支援事業の利用についてあつせん又は調整を行うとともに、子育て支援事業を行う者に対し、当該保護者の利用の要請を行うものとする。**
> 　○3　市町村は、第一項の情報の提供、相談及び助言並びに前項のあつせん、調整及び要請の事務を当該市町村以外の者に委託することができる。
> 　○4　子育て支援事業を行う者は、前二項の規定により行われるあつせん、調整及び要請に対し、できる限り協力しなければならない。

　本アンケートでは、上記の下線部に示された業務を「**子育て支援総合コーディネート**」と呼びます。また、「子育て支援総合コーディネート事業」は、平成15年に国庫補助により制定され、現在も一般財源の中で認められている事業を指しています。
　本アンケートは「子育て支援総合コーディネート」を実際に行っている人を「**子育て支援総合コーディネーター**」と呼びます。

　※なお、アンケートの中では、「子育て支援総合コーディネート事業」を「コーディネート事業」、「子育て支援総合コーディネート」を「コーディネート」、「子育て支援総合コーディネーター」を「コーディネーター」と記す場合があります。

［本アンケートの構成］
　本アンケートは次のような質問の構成になっています。
1. 貴市区町について
2. 貴市区町の子育て環境について
3. 貴市区町の子育て支援総合コーディネート事業の実施状況について
4. 貴市区町の子育て支援総合コーディネートに関するお考えと現状

回答進捗状況

|無断転載不可|

1 貴市区町について
（データの処理は匿名で行いますので安心してお答えください。）

I．貴市区町所在の都道府県名をお答えください。

　　　　　　　　　　　　　　　　　　　都・道　　　　　　　　　　※事務処理用
　　＿＿＿＿＿＿＿＿＿＿＿＿＿＿＿＿　府・県

II．貴市区町の分類をお答えください。（**ひとつだけチェック☑**）
　　□¹ 中核市　　　　　　□² 市（中核市以外の市）　　　　□³ 東京23区
　　□⁴ 区（東京23区以外）　□⁵ 町

III．貴市区町の人口規模、世帯数および18歳未満の人口をお答えください（平成22年4月現在）。
　　※100未満は切捨てをお願いいたします。
　　1．人口　　　　　　　（　　　　　　）人
　　2．世帯数　　　　　　（　　　　　　）世帯
　　3．18歳未満の人口　　（　　　　　　）人

IV．本質問紙にお答えくださった方についてお答えください。
　　1．あなたの性別をお答えください。（**ひとつだけチェック☑**）
　　　　□¹ 女性　　　　　　□² 男性

　　2．担当部局の名称をお答えください。（例：子ども未来部　子育て支援課）

　　　　┌─────────────────────┐
　　　　│　　　　　　　　　　　　　　　　　　│
　　　　└─────────────────────┘

　　3．本質問紙をお答えくださった方の職位をお答えください。（例：子育て支援課　係長）

　　　　職位：＿＿＿＿＿＿＿＿＿＿＿＿＿＿＿＿＿＿＿＿＿＿＿＿＿＿

　　4．今の部署に来られて何年目かをお答えください。
　　　　　約（　　　　　　）年

　　5．子ども関係の部署に来られて何年目かをお答えください。
　　　　　約（　　　　　　）年

2　貴市区町の子育て環境について

以下の質問に対してそれぞれ、**現状に対して貴市区町の『住民』がどう考えているか**を想定して□「全く」そう思わないから□「十分」そう思う、までの10段階でお答えください。
（それぞれ、ひとつだけチェック☑）

1. 貴市区町の子育て支援サービスはわかりやすい　　全く □□□□□□□□□□ 十分
2. 貴市区町の子育て支援サービスは利用しやすい　　全く □□□□□□□□□□ 十分
3. 貴市区町の子育て支援に関する情報提供に満足している　全く □□□□□□□□□□ 十分
4. 貴市区町のコーディネートはうまくいっている　　全く □□□□□□□□□□ 十分

3　貴市区町の子育て支援総合コーディネート事業の実施状況について

Ⅰ. 貴市区町の「子育て支援総合コーディネート事業」の実施状況についてお答えください。
（ひとつだけチェック☑）
　□ 同名の事業を現在実施している
　□ 同名ではないが類似の事業を現在実施している
　　具体名（　　　　　　　　　　　　　　　　　　　　　）
　□ 同名の事業、類似の事業ともに一度も実施したことがない
　□ 同名の事業を現在実施していないが過去に実施していた
　□ 類似の事業を現在実施していないが過去に実施していた
　　具体名（　　　　　　　　　　　　　　　　　　　　　）
　□ 今後、同名または類似の事業を実施する予定がある
　□ 今後の実施については未定である

Ⅱ. 今後、本事業が発展していくには次の何が必要であるとお考えかをお答えください。
（複数回答可☑）
　□ 市区町内での予算の確保　　　　　□ 国・都道府県からの交付金
　□ 市区町担当部局の人員の確保　　　□ コーディネート業務をする人員の確保
　□ 事業を実施できる場所の確保　　　□ コーディネーターの人材育成の機会
　□ コーディネート実施手法の明確化　□ 子育て支援に関する情報のとりまとめと整理
　□ 子育て支援に関する情報のICT（電子）化　□ 子育て支援窓口の一本化
　□ その他　具体的に（　　　　　　　　　　　　　　　　　　　　　）

Ⅲ. 今後、貴市区町は本事業にどの程度力を入れて実施していく予定ですか。□「全く」力を入れないから□「十分」力を入れる、までの10段階でお答えください。
（ひとつだけチェック☑）
　　　　　　　　　　　　　　　　　全く □□□□□□□□□□ 十分

Ⅳ．3のⅠ．で、「1□同名の事業を現在実施している」、「2□同名ではないが類似の事業を現在実施している」にチェックをされた場合のみ、お答えください。

1．貴市区町でのコーディネーターの数（常勤・非常勤合わせて）についてお答えください。
　　　　　　　人

2．コーディネーターの配置場所についてお答えください。（複数回答可☑）
　　1□ 子育て支援センター　　2□ 幼稚園　　3□ 保育所　　4□ 認定こども園
　　5□ 市区町役所　　6□ 児童館
　　7□ その他　具体的に（　　　　　　　　　　　　　　　　）

3．貴市区町が直接事業をしているかについてお答えください。（複数回答可☑）
　　1□ 市区町直営　　2□ 委託

4．3．で「2□委託」とお答えになった場合のみ、お答えください。
　　委託先をお答えください。（複数回答可☑）
　　1□ 社会福祉協議会　　2□ NPO
　　3□ 民間企業
　　4□ その他　具体的に（　　　　　　　　　　　　　　　　）

5．次世代育成支援行動計画に位置づけているかをお答えください。
　　（ひとつだけチェック☑）
　　1□ 位置づけている　　2□ 位置づけていない

6．本事業の本年（平成22年）度の年間予算（人件費を含む）についておおよその額をお答えください。※1,000未満切り捨てをお願いいたします。
　　（　　　　　　　　　）円

7．今後本事業の年間予算を増額する予定があるかについてお答えください。
　　（ひとつだけチェック☑）
　　1□ ある　　2□ ない　　3□ わからない

8．現在、貴市区町は本事業にどの程度力を入れて実施していますか。1□「全く」力を入れていないから10□「十分」力を入れている、までの10段階でお答えください。
　　（ひとつだけチェック☑）　　　　　　　　　1 2 3 4 5 6 7 8 9 10
　　　　　　　　　　　　　　　　　　　　全く □□□□□□□□□□ 十分

「子育て支援総合コーディネート事業」を実施しておられない場合にも以下の質問にお答えください。

無断転載不可

4 貴市区町の子育て支援総合コーディネートに関するお考えと現状

市区町の担当者として子育て支援総合コーディネート事業の現状をどのように見ておられるかについてお尋ねします。

貴市区町の子育て支援総合コーディネートに関する「現状」と「お考え」をお尋ねします。
下記の質問に対し、「①現状」では、**貴市区町の現状としてどれくらい（実施）できているのか**を10段階で記入してください。チェック欄□は、最も左側の「まったく（実施）できていない」□から、最も右側の「十分（実施）できている」□までの10段階を示しています。また、現状がどうしてもわからない場合のみ、「わからない」□にチェックをしてください。

また、下記の質問に対し、「②お考え」では、**貴市区町としてどれくらい重要であると「お考え」なのか**を10段階で記入してください。チェック欄□は、最も左側の「まったく重要でない」□から、最も右側の「最も重要である」□までの10段階を示しています。（お考えについては、必ず10段階の中でお答えください。）また、答えにくい質問もあるかと思いますが、**以下すべての質問にお答えいただきますよう、お願いいたします。**

Ⅰ．コーディネーターの役割や力量についてお尋ねします。

	①現状	②お考え
	まったく（実施）できていない ⇔ 十分（実施）できている ／ わからない	まったく重要でない ⇔ 最も重要である
例．誰もが住みやすい市区町にする	1 2 3 4 5 6 7 8 9 10 ／ 0	1 2 3 4 5 6 7 8 9 10
1．母親が集まりやすいところに出向く	1 2 3 4 5 6 7 8 9 10 ／ 0	1 2 3 4 5 6 7 8 9 10
2．医療機関と協働する	1 2 3 4 5 6 7 8 9 10 ／ 0	1 2 3 4 5 6 7 8 9 10
3．保育所と協働する	1 2 3 4 5 6 7 8 9 10 ／ 0	1 2 3 4 5 6 7 8 9 10
4．幼稚園と協働する	1 2 3 4 5 6 7 8 9 10 ／ 0	1 2 3 4 5 6 7 8 9 10

回答進捗状況　　　　さあ、はじめましょう

Ⅰ．コーディネーターの役割や力量についてお尋ねします。（つづき）

	①現状　まったく（実施）できていない ⇔ 十分（実施）できている／わからない	②お考え　まったく重要でない ⇔ 最も重要である
5．学校と協働する	1 2 3 4 5 6 7 8 9 10　0	1 2 3 4 5 6 7 8 9 10
6．民生児童委員、主任児童委員と協働する	1 2 3 4 5 6 7 8 9 10　0	1 2 3 4 5 6 7 8 9 10
7．児童相談所と協働する	1 2 3 4 5 6 7 8 9 10　0	1 2 3 4 5 6 7 8 9 10
8．警察と協働する	1 2 3 4 5 6 7 8 9 10　0	1 2 3 4 5 6 7 8 9 10
9．障害関係部署と協働する	1 2 3 4 5 6 7 8 9 10　0	1 2 3 4 5 6 7 8 9 10
10．保育系部署と協働する	1 2 3 4 5 6 7 8 9 10　0	1 2 3 4 5 6 7 8 9 10
11．教育系部署と協働する	1 2 3 4 5 6 7 8 9 10　0	1 2 3 4 5 6 7 8 9 10
12．医療保健部署と協働する	1 2 3 4 5 6 7 8 9 10　0	1 2 3 4 5 6 7 8 9 10
13．相談経路（どこから相談がきてどこにつなぐか）を把握する	1 2 3 4 5 6 7 8 9 10　0	1 2 3 4 5 6 7 8 9 10
14．虐待ケースについて緊急性の判断をする	1 2 3 4 5 6 7 8 9 10　0	1 2 3 4 5 6 7 8 9 10
15．利用者の精神的健康について緊急性の判断をする	1 2 3 4 5 6 7 8 9 10　0	1 2 3 4 5 6 7 8 9 10
16．家庭の生活状況について緊急性の判断をする	1 2 3 4 5 6 7 8 9 10　0	1 2 3 4 5 6 7 8 9 10

無断転載不可

無断転載不可

Ⅰ．コーディネーターの役割や力量についてお尋ねします。(つづき)

	①現状		②お考え
	まったくできていない (実施) ⇔ 十分(実施)できている	わからない	まったく重要でない ⇔ 最も重要である
17. コーディネートについて説明する	1 2 3 4 5 6 7 8 9 10 ☐☐☐☐☐☐☐☐☐☐	0 ☐	1 2 3 4 5 6 7 8 9 10 ☐☐☐☐☐☐☐☐☐☐
18. 書面または口頭で利用者と契約をする	1 2 3 4 5 6 7 8 9 10 ☐☐☐☐☐☐☐☐☐☐	0 ☐	1 2 3 4 5 6 7 8 9 10 ☐☐☐☐☐☐☐☐☐☐
19. 利用者のニーズの内容を把握する	1 2 3 4 5 6 7 8 9 10 ☐☐☐☐☐☐☐☐☐☐	0 ☐	1 2 3 4 5 6 7 8 9 10 ☐☐☐☐☐☐☐☐☐☐
20. 利用者が潜在的にもっている力を把握する	1 2 3 4 5 6 7 8 9 10 ☐☐☐☐☐☐☐☐☐☐	0 ☐	1 2 3 4 5 6 7 8 9 10 ☐☐☐☐☐☐☐☐☐☐
21. 利用者のニーズに対する利用可能な家族・親戚・友人などの私的なサポートを把握する	1 2 3 4 5 6 7 8 9 10 ☐☐☐☐☐☐☐☐☐☐	0 ☐	1 2 3 4 5 6 7 8 9 10 ☐☐☐☐☐☐☐☐☐☐
22. 利用者のニーズに対する公的なサービスを把握する	1 2 3 4 5 6 7 8 9 10 ☐☐☐☐☐☐☐☐☐☐	0 ☐	1 2 3 4 5 6 7 8 9 10 ☐☐☐☐☐☐☐☐☐☐
23. どの子育て支援サービスにつなげるか援助計画をたてる	1 2 3 4 5 6 7 8 9 10 ☐☐☐☐☐☐☐☐☐☐	0 ☐	1 2 3 4 5 6 7 8 9 10 ☐☐☐☐☐☐☐☐☐☐
24. 利用者の予算に見合ったサービス計画をたてる	1 2 3 4 5 6 7 8 9 10 ☐☐☐☐☐☐☐☐☐☐	0 ☐	1 2 3 4 5 6 7 8 9 10 ☐☐☐☐☐☐☐☐☐☐
25. 利用者が求めているサービスを紹介し、つなぐ	1 2 3 4 5 6 7 8 9 10 ☐☐☐☐☐☐☐☐☐☐	0 ☐	1 2 3 4 5 6 7 8 9 10 ☐☐☐☐☐☐☐☐☐☐
26. 利用者自身がサービスを選択できるようにする	1 2 3 4 5 6 7 8 9 10 ☐☐☐☐☐☐☐☐☐☐	0 ☐	1 2 3 4 5 6 7 8 9 10 ☐☐☐☐☐☐☐☐☐☐

回答進捗状況

無断転載不可

Ⅰ．コーディネーターの役割や力量についてお尋ねします。（つづき）

	①現状 まったく（実施）できていない ⇔ 十分（実施）できている ／ わからない	②お考え まったく重要でない ⇔ 最も重要である
27. 利用者の潜在的にもつ力を高めることができるような計画をたてる	1 2 3 4 5 6 7 8 9 10 ／ 0	1 2 3 4 5 6 7 8 9 10
28. 利用者に必要なサービスの申請の仕方を伝える	1 2 3 4 5 6 7 8 9 10 ／ 0	1 2 3 4 5 6 7 8 9 10
29. 必要な場合は利用者と一緒にサービスの申請に出向く	1 2 3 4 5 6 7 8 9 10 ／ 0	1 2 3 4 5 6 7 8 9 10
30. 必要な場合は利用者に代わってサービスの申請をする	1 2 3 4 5 6 7 8 9 10 ／ 0	1 2 3 4 5 6 7 8 9 10
31. 必要な場合は他の機関・団体に連絡をとる	1 2 3 4 5 6 7 8 9 10 ／ 0	1 2 3 4 5 6 7 8 9 10
32. 家族・親戚・友人などの利用者の私的な資源に働きかける	1 2 3 4 5 6 7 8 9 10 ／ 0	1 2 3 4 5 6 7 8 9 10
33. 子育ての悩みについて相談に応じて助言をする	1 2 3 4 5 6 7 8 9 10 ／ 0	1 2 3 4 5 6 7 8 9 10
34. 夫婦関係の悩みについて相談に応じて助言をする	1 2 3 4 5 6 7 8 9 10 ／ 0	1 2 3 4 5 6 7 8 9 10
35. 利用者の生活全般の幅広い悩みについて相談に応じて助言をする	1 2 3 4 5 6 7 8 9 10 ／ 0	1 2 3 4 5 6 7 8 9 10
36. 利用者のサービス利用状況を把握する（利用者のモニタリング）	1 2 3 4 5 6 7 8 9 10 ／ 0	1 2 3 4 5 6 7 8 9 10

回答進捗状況

無断転載不可

Ⅰ．コーディネーターの役割や力量についてお尋ねします。（つづき）

	①現状 まったく（実施）できていない ⇔ 十分（実施）できている／わからない	②お考え まったく重要でない ⇔ 最も重要である
37. つないだサービスがどのように提供されているか把握する	1 2 3 4 5 6 7 8 9 10　0	1 2 3 4 5 6 7 8 9 10
38. サービスにつないだケースのその後を把握する（フォローアップ）	1 2 3 4 5 6 7 8 9 10　0	1 2 3 4 5 6 7 8 9 10
39. つないだサービスが適切でなかった場合、もう一度個別情報を把握する	1 2 3 4 5 6 7 8 9 10　0	1 2 3 4 5 6 7 8 9 10
40. 一般常識を持っている	1 2 3 4 5 6 7 8 9 10　0	1 2 3 4 5 6 7 8 9 10
41. 行政が行っている子育て関連事業を熟知する	1 2 3 4 5 6 7 8 9 10　0	1 2 3 4 5 6 7 8 9 10
42. 必要な法制度を理解する	1 2 3 4 5 6 7 8 9 10　0	1 2 3 4 5 6 7 8 9 10
43. コーディネーターの役割を熟知する	1 2 3 4 5 6 7 8 9 10　0	1 2 3 4 5 6 7 8 9 10
44. 虐待について専門的知識をもつ	1 2 3 4 5 6 7 8 9 10　0	1 2 3 4 5 6 7 8 9 10
45. 精神障害について専門的知識をもつ	1 2 3 4 5 6 7 8 9 10　0	1 2 3 4 5 6 7 8 9 10
46. 発達障害について専門的知識をもつ	1 2 3 4 5 6 7 8 9 10　0	1 2 3 4 5 6 7 8 9 10
47. コーディネートの専門性を認識する	1 2 3 4 5 6 7 8 9 10　0	1 2 3 4 5 6 7 8 9 10

回答進捗状況　　　　　　　　　　ちょっとひと休み…

無断転載不可

I．コーディネーターの役割や力量についてお尋ねします。（つづき）

	①現状		②お考え
	まったく（実施）できていない ⇔ 十分（実施）できている	わからない	まったく重要でない ⇔ 最も重要である
48. 子育て支援に関する専門的知識と技術をもつ	1 2 3 4 5 6 7 8 9 10	0	1 2 3 4 5 6 7 8 9 10
49. 利用者とサービスをつなぐための専門的知識と技術をもつ	1 2 3 4 5 6 7 8 9 10	0	1 2 3 4 5 6 7 8 9 10
50. コーディネートの目的・機能を熟知する	1 2 3 4 5 6 7 8 9 10	0	1 2 3 4 5 6 7 8 9 10
51. 利用者に対して共感できる	1 2 3 4 5 6 7 8 9 10	0	1 2 3 4 5 6 7 8 9 10
52. 利用者に対してあたたかく接することができる	1 2 3 4 5 6 7 8 9 10	0	1 2 3 4 5 6 7 8 9 10
53. 利用者に対して誠実である	1 2 3 4 5 6 7 8 9 10	0	1 2 3 4 5 6 7 8 9 10
54. 利用者と信頼関係を結ぶことができる	1 2 3 4 5 6 7 8 9 10	0	1 2 3 4 5 6 7 8 9 10
55. ケースにあわせて柔軟な対応ができる	1 2 3 4 5 6 7 8 9 10	0	1 2 3 4 5 6 7 8 9 10
56. 事務処理ができる	1 2 3 4 5 6 7 8 9 10	0	1 2 3 4 5 6 7 8 9 10
57. 人を思いやる気持ち（コンパッション）を持つことができる	1 2 3 4 5 6 7 8 9 10	0	1 2 3 4 5 6 7 8 9 10
58. 組織のルールに従って行動できる（コンプライアンス）	1 2 3 4 5 6 7 8 9 10	0	1 2 3 4 5 6 7 8 9 10

回答進捗状況　　さあ、はじめましょう

無断転載不可

Ｉ．コーディネーターの役割や力量についてお尋ねします。（つづき）

	①現状 まったくできていない(実施) ⇔ 十分できている(実施)	わからない	②お考え まったく重要でない ⇔ 最も重要である
59. 個別のケースにあわせて適切な距離を保つことができる	1 2 3 4 5 6 7 8 9 10	0	1 2 3 4 5 6 7 8 9 10
60. 親の視点に立って支援することができる	1 2 3 4 5 6 7 8 9 10	0	1 2 3 4 5 6 7 8 9 10
61. パソコンの基本的な操作ができる	1 2 3 4 5 6 7 8 9 10	0	1 2 3 4 5 6 7 8 9 10
62. ソーシャルワーカーとして十分な勤務経験がある	1 2 3 4 5 6 7 8 9 10	0	1 2 3 4 5 6 7 8 9 10
63. サービスをわかりやすく説明できる	1 2 3 4 5 6 7 8 9 10	0	1 2 3 4 5 6 7 8 9 10
64. 利用者を個人として尊重する	1 2 3 4 5 6 7 8 9 10	0	1 2 3 4 5 6 7 8 9 10
65. 利用者が感情表現をしやすい雰囲気づくりをする	1 2 3 4 5 6 7 8 9 10	0	1 2 3 4 5 6 7 8 9 10
66. 自分（コーディネーター）の感情の動きをよく自覚したうえで適切に表現する	1 2 3 4 5 6 7 8 9 10	0	1 2 3 4 5 6 7 8 9 10
67. 利用者をあるがままに受け止める	1 2 3 4 5 6 7 8 9 10	0	1 2 3 4 5 6 7 8 9 10
68. 利用者の秘密を守る	1 2 3 4 5 6 7 8 9 10	0	1 2 3 4 5 6 7 8 9 10
69. 利用者の行いや考えについて善悪の判断をしない	1 2 3 4 5 6 7 8 9 10	0	1 2 3 4 5 6 7 8 9 10

回答進捗状況

無断転載不可

Ⅰ. コーディネーターの役割や力量についてお尋ねします。（つづき）

	①現状 まったくできていない ⇔ 十分（実施）できている ／ わからない	②お考え まったく重要でない ⇔ 最も重要である
70. 利用者が自己決定をできるように促す	1 2 3 4 5 6 7 8 9 10　　0	1 2 3 4 5 6 7 8 9 10
71. コーディネートを行う際に倫理的配慮をする	1 2 3 4 5 6 7 8 9 10　　0	1 2 3 4 5 6 7 8 9 10
72. 子どもの権利を尊重する	1 2 3 4 5 6 7 8 9 10　　0	1 2 3 4 5 6 7 8 9 10
73. 地域住民の福祉のために活動しているという姿勢を示す	1 2 3 4 5 6 7 8 9 10　　0	1 2 3 4 5 6 7 8 9 10
74. 子育てや子育て支援を尊重する姿勢を示す	1 2 3 4 5 6 7 8 9 10　　0	1 2 3 4 5 6 7 8 9 10
75. ソーシャルワークの理念を尊重する	1 2 3 4 5 6 7 8 9 10　　0	1 2 3 4 5 6 7 8 9 10
76. 援助に対するモチベーションを維持する	1 2 3 4 5 6 7 8 9 10　　0	1 2 3 4 5 6 7 8 9 10
77. 情報管理に責任をもつ	1 2 3 4 5 6 7 8 9 10　　0	1 2 3 4 5 6 7 8 9 10
78. 利用者に対して謙虚である	1 2 3 4 5 6 7 8 9 10　　0	1 2 3 4 5 6 7 8 9 10
79. 地域の特性を把握する	1 2 3 4 5 6 7 8 9 10　　0	1 2 3 4 5 6 7 8 9 10
80. ケース記録をつける	1 2 3 4 5 6 7 8 9 10　　0	1 2 3 4 5 6 7 8 9 10
81. コーディネーター同士で連携する	1 2 3 4 5 6 7 8 9 10　　0	1 2 3 4 5 6 7 8 9 10

回答進捗状況

無断転載不可

I. コーディネーターの役割や力量についてお尋ねします。（つづき）

	①現状　まったく（実施）できていない ⇔ 十分（実施）できている　わからない	②お考え　まったく重要でない ⇔ 最も重要である
82. 地域の子育て支援ニーズを把握する	1 2 3 4 5 6 7 8 9 10　0	1 2 3 4 5 6 7 8 9 10
83. 子育て支援ニーズに関わらず住民のニーズを把握する	1 2 3 4 5 6 7 8 9 10　0	1 2 3 4 5 6 7 8 9 10
84. 障害、要保護、育児相談などのニーズ別の社会資源を把握する	1 2 3 4 5 6 7 8 9 10　0	1 2 3 4 5 6 7 8 9 10
85. 相談件数や相談内容などの記録をつける	1 2 3 4 5 6 7 8 9 10　0	1 2 3 4 5 6 7 8 9 10
86. 援助の質を高めるための事例検討をする（ケース・スタディ）	1 2 3 4 5 6 7 8 9 10　0	1 2 3 4 5 6 7 8 9 10
87. コーディネートに関わる関係機関での検討会議に出席する	1 2 3 4 5 6 7 8 9 10　0	1 2 3 4 5 6 7 8 9 10
88. 連携機関のスタッフと飲み会などの非公式な交流の場を持つ	1 2 3 4 5 6 7 8 9 10　0	1 2 3 4 5 6 7 8 9 10
89. 利用者をどのサービスにつないだか記録する	1 2 3 4 5 6 7 8 9 10　0	1 2 3 4 5 6 7 8 9 10
90. つないだサービス提供者から実際の利用状況を問い、記録する	1 2 3 4 5 6 7 8 9 10　0	1 2 3 4 5 6 7 8 9 10
91. 他専門職に対して助言をする	1 2 3 4 5 6 7 8 9 10　0	1 2 3 4 5 6 7 8 9 10

回答進捗状況　　ちょっとひと休み…

無断転載不可

Ⅱ．コーディネーターのおかれている環境についてお尋ねします。

	①現状　まったく（実施）できていない ⇔ 十分（実施）できている／わからない	②お考え　まったく重要でない ⇔ 最も重要である
1．日報の書式を作成している	1 2 3 4 5 6 7 8 9 10　0	1 2 3 4 5 6 7 8 9 10
2．ケース記録の書式を作成している	1 2 3 4 5 6 7 8 9 10　0	1 2 3 4 5 6 7 8 9 10
3．ケース発見で他機関と協力するシステムがある	1 2 3 4 5 6 7 8 9 10　0	1 2 3 4 5 6 7 8 9 10
4．利用者と契約を交わすための様式がある	1 2 3 4 5 6 7 8 9 10　0	1 2 3 4 5 6 7 8 9 10
5．コーディネーターの継続的研修体制を整備する	1 2 3 4 5 6 7 8 9 10　0	1 2 3 4 5 6 7 8 9 10
6．コーディネーターが他専門職からの助言を受けることができる環境を用意する	1 2 3 4 5 6 7 8 9 10　0	1 2 3 4 5 6 7 8 9 10
7．現場で必要な時に指導が受けられる	1 2 3 4 5 6 7 8 9 10　0	1 2 3 4 5 6 7 8 9 10
8．子育て支援に関する情報をとりまとめ、整理する	1 2 3 4 5 6 7 8 9 10　0	1 2 3 4 5 6 7 8 9 10
9．子育て支援の窓口の一本化（ワンストップ）を図る	1 2 3 4 5 6 7 8 9 10　0	1 2 3 4 5 6 7 8 9 10
10．市区町担当者と現場コーディネーターの意思疎通を図る	1 2 3 4 5 6 7 8 9 10　0	1 2 3 4 5 6 7 8 9 10

回答進捗状況　もうひとふんばり…

無断転載不可

Ⅱ．コーディネーターのおかれている環境についてお尋ねします。（つづき）

	①現状 まったく（実施）できていない ⇔ 十分（実施）できている　わからない	②お考え まったく重要でない ⇔ 最も重要である
11. コーディネート事業を市区町が責任をもって推進する	1 2 3 4 5 6 7 8 9 10　0	1 2 3 4 5 6 7 8 9 10
12. 市区町が子育て支援事業に積極的に取り組む	1 2 3 4 5 6 7 8 9 10　0	1 2 3 4 5 6 7 8 9 10
13. 行政の縦割（例えば、福祉関係の課と教育関係の課など）によって子育て支援事業を分断しないようにする	1 2 3 4 5 6 7 8 9 10　0	1 2 3 4 5 6 7 8 9 10
14. 市区町の相談機関に子育て支援事業全体を見渡し、統括できる人材がいる	1 2 3 4 5 6 7 8 9 10　0	1 2 3 4 5 6 7 8 9 10
15. 子育て支援に関連する法改正に組織として対応する	1 2 3 4 5 6 7 8 9 10　0	1 2 3 4 5 6 7 8 9 10
16. コーディネーター同士の人間関係がうまくいく	1 2 3 4 5 6 7 8 9 10　0	1 2 3 4 5 6 7 8 9 10
17. コーディネーター事業管轄の上司と人間関係がうまくいく	1 2 3 4 5 6 7 8 9 10　0	1 2 3 4 5 6 7 8 9 10
18. コーディネーターとしての業務を明確にする	1 2 3 4 5 6 7 8 9 10　0	1 2 3 4 5 6 7 8 9 10
19. コーディネーター間の業務担当を明確にする	1 2 3 4 5 6 7 8 9 10　0	1 2 3 4 5 6 7 8 9 10

回答進捗状況

|無断転載不可|

Ⅱ．コーディネーターのおかれている環境についてお尋ねします。（つづき）

	①現状 まったく（実施）できていない ⇔ 十分（実施）できている　わからない	②お考え まったく重要でない ⇔ 最も重要である
20．一定の職位を確立する	1 2 3 4 5 6 7 8 9 10　　0	1 2 3 4 5 6 7 8 9 10
21．コーディネーターとしての権限を明確にする	1 2 3 4 5 6 7 8 9 10　　0	1 2 3 4 5 6 7 8 9 10
22．職場がコーディネーターの役割を理解する	1 2 3 4 5 6 7 8 9 10　　0	1 2 3 4 5 6 7 8 9 10
23．職場がコーディネーターの仕事を重要な役割として評価する	1 2 3 4 5 6 7 8 9 10　　0	1 2 3 4 5 6 7 8 9 10
24．職場がコーディネーターを専門職として理解する	1 2 3 4 5 6 7 8 9 10　　0	1 2 3 4 5 6 7 8 9 10
25．コーディネーターの資格要件を定める	1 2 3 4 5 6 7 8 9 10　　0	1 2 3 4 5 6 7 8 9 10
26．コーディネーターに有資格者（社会福祉士・保育士等）を雇用する	1 2 3 4 5 6 7 8 9 10　　0	1 2 3 4 5 6 7 8 9 10
27．コーディネート事業に対する予算措置がある	1 2 3 4 5 6 7 8 9 10　　0	1 2 3 4 5 6 7 8 9 10
28．コーディネーターの人材育成費用を確保する	1 2 3 4 5 6 7 8 9 10　　0	1 2 3 4 5 6 7 8 9 10
29．コーディネーターの人材にふさわしい給与を保証する	1 2 3 4 5 6 7 8 9 10　　0	1 2 3 4 5 6 7 8 9 10

回答進捗状況

無断転載不可

Ⅱ．コーディネーターのおかれている環境についてお尋ねします。（つづき）

	①現状	②お考え
	まったくできていない ⇔ 十分（実施）できている ／ わからない	まったく重要でない ⇔ 最も重要である
30. コーディネーター専有の電話を設置する	1 2 3 4 5 6 7 8 9 10　0	1 2 3 4 5 6 7 8 9 10
31. コーディネーター専有のパソコンを設置する	1 2 3 4 5 6 7 8 9 10　0	1 2 3 4 5 6 7 8 9 10
32. コーディネーターを利用者にわかりやすい場所に配置する	1 2 3 4 5 6 7 8 9 10　0	1 2 3 4 5 6 7 8 9 10
33. 利用者がコーディネーターと話しやすい空間設定をする	1 2 3 4 5 6 7 8 9 10　0	1 2 3 4 5 6 7 8 9 10
34. コーディネーターの適切な配置体制をとる	1 2 3 4 5 6 7 8 9 10　0	1 2 3 4 5 6 7 8 9 10
35. コーディネート専任職員を確保する	1 2 3 4 5 6 7 8 9 10　0	1 2 3 4 5 6 7 8 9 10
36. コーディネート専任職員を常駐する	1 2 3 4 5 6 7 8 9 10　0	1 2 3 4 5 6 7 8 9 10
37. コーディネーターの福利厚生を保証する	1 2 3 4 5 6 7 8 9 10　0	1 2 3 4 5 6 7 8 9 10
38. 異動による引き継ぎを保証する	1 2 3 4 5 6 7 8 9 10　0	1 2 3 4 5 6 7 8 9 10
39. 適切な勤務時間を確保する	1 2 3 4 5 6 7 8 9 10　0	1 2 3 4 5 6 7 8 9 10

回答進捗状況　　あと少し…

無断転載不可

II. コーディネーターのおかれている環境についてお尋ねします。(つづき)

	①現状 まったく(実施)できていない ⇔ 十分(実施)できている / わからない	②お考え まったく重要でない ⇔ 最も重要である
40. コーディネート事業を子育て家庭に広報する	1 2 3 4 5 6 7 8 9 10 / 0	1 2 3 4 5 6 7 8 9 10
41. コーディネーターの存在を住民にわかりやすく広報する	1 2 3 4 5 6 7 8 9 10 / 0	1 2 3 4 5 6 7 8 9 10
42. 子育て支援事業を子育て家庭に広報する	1 2 3 4 5 6 7 8 9 10 / 0	1 2 3 4 5 6 7 8 9 10
43. ケース記録を電子化し、蓄積(データベース化)する	1 2 3 4 5 6 7 8 9 10 / 0	1 2 3 4 5 6 7 8 9 10
44. コーディネート業務のマニュアル化を図る	1 2 3 4 5 6 7 8 9 10 / 0	1 2 3 4 5 6 7 8 9 10
45. コーディネート業務のICT化(電子化)を図る	1 2 3 4 5 6 7 8 9 10 / 0	1 2 3 4 5 6 7 8 9 10
46. 情報提供ツール(広報誌・子育てマップ・HPなど)をもつ	1 2 3 4 5 6 7 8 9 10 / 0	1 2 3 4 5 6 7 8 9 10
47. 子育て支援サービスに関する情報のデータベース化を図る	1 2 3 4 5 6 7 8 9 10 / 0	1 2 3 4 5 6 7 8 9 10
48. 市区町としてコーディネート事業の事業評価をする	1 2 3 4 5 6 7 8 9 10 / 0	1 2 3 4 5 6 7 8 9 10
49. 相談ケースの情報を集計し、分析(統計処理)する	1 2 3 4 5 6 7 8 9 10 / 0	1 2 3 4 5 6 7 8 9 10

ラストスパート!

回答進捗状況

無断転載不可

Ⅱ．コーディネーターのおかれている環境についてお尋ねします。（つづき）

	①現状	②お考え
	まったくできていない（実施） ⇔ 十分（実施）できている ／ わからない	まったく重要でない ⇔ 最も重要である
50. コーディネートの手引き・ガイドラインがある	1 2 3 4 5 6 7 8 9 10 ／ 0	1 2 3 4 5 6 7 8 9 10
51. 利用者がコーディネート事業を評価する	1 2 3 4 5 6 7 8 9 10 ／ 0	1 2 3 4 5 6 7 8 9 10

■最後に

次年度、本研究のヒアリング調査にご協力いただけますでしょうか。（**ひとつだけチェック☑**）
　　☐1 はい　　　　☐2 いいえ

ご協力いただける場合の連絡先
連絡先名
_____ 市・区・町

電話番号
_____ 直通・代表

本質問紙、子育て支援総合コーディネート事業について等、何でも結構です。
ご意見等ございましたらお書きください。

```
┌─────────────────────────────┐
│                             │
│                             │
│                             │
│                             │
└─────────────────────────────┘
```

質問は以上です。最後に記入漏れがないかもう一度お確かめください。
お答えいただきましてありがとうございました。

|無断転載不可|

資料2

子育て支援総合コーディネート事業に関する実態調査

　本調査は、平成22年度日本学術振興会（文部科学省）科学研究費補助金（基盤研究（B）、課題番号 22330178）『ソーシャルワークとしての「子育て支援総合コーディネート」実践モデルの開発的研究』に関する実態調査です。
　この調査は、子育て支援総合コーディネート事業推進の実施状況を把握するために全市区町を対象に実施するものです。実態把握し、総合コーディネートを実践する具体的な手続き（実践モデル）を開発することによって事業の資質向上に資することを目的としています。
　ご多忙の折とは存じますが、何卒ご協力を賜わりますようお願い申し上げます。
　なお、調査結果は、統計的に処理されますので、個別の市区町が特定できるような情報は一切公開いたしません。安心してお答えください。

〈ご記入に関してのお願い〉

1. 本質問紙は、各市区町の子育て支援総合コーディネーター（子ども家庭と子育て支援事業をつなぐ役割を担っておられる方、詳細は2ページに記載）宛にお送りしています。担当以外の方に届きました場合は、お手数ですが子育て支援担当部局へ再度まわしていただきますようお願いいたします。
2. コーディネーターが複数人おられる場合はもっとも子育て支援総合コーディネート（子ども家庭と子育て支援事業をつなぐこと）に詳しい方にお答えをお願いします。
3. 質問紙は全部で19ページあります。ページ数が多くなっていますが、くれぐれもご記入漏れのないように最後まで質問にお答えいただきますようお願い申し上げます。
4. アンケートの2ページ目に子育て支援総合コーディネート事業の法的根拠について説明しておりますので、よくお読みください。また別紙「厚生労働省よりのご協力願い」の裏面、「子育て支援総合コーディネートとは」をご参照の上、その定義に基づいてお答えください。
5. 質問は、ほとんどが選択肢式となっています。選択肢式では、「ひとつだけチェック☑」をつけていただく場合と「複数回答可☑」である場合があります。各質問の指示に従ってお答えください。
6. お答えいただきましたアンケート用紙は、アンケートに同封しております封筒に封入・厳封後、12月13日(月)必着でご返送いただきますようお願いいたします（切手は不要です）。
7. 同封のペンとクリアファイルはご返送いただく必要はございません。ご自由にお使いください。

この調査についてご不明な点やご質問等ありましたら下記までお問い合わせください。

　　日本学術振興会（文部科学省）科学研究　研究代表者　芝野松次郎
　《連絡先》
　　関西学院大学人間福祉学部　芝野松次郎研究室
　　〒662-8501　兵庫県西宮市上ヶ原1番町1-155
　　　　　　　　TEL/FAX　0798-54-6171
　　　　　　　　E-mail　　shibanokaken2010@gmail.com

コーディネーター用アンケート用紙

※コーディネーターが貴市区町におられない場合は、「市区町担当者用アンケート用紙」と一緒に担当者用返信用封筒に入れて白紙のまま本アンケート用紙をご返送ください。

スタート
回答進捗状況

1

無断転載不可

本アンケートにお答えいただくにあたってのお願い
※必ず読んでからアンケートにお答えください。

〈子育て支援総合コーディネート事業について〉

　子育て支援総合コーディネート事業は、すべての子育て家庭の親と地域子育て支援事業において提供されているサービスとをつなぐ重要な役割をになっています。平成15年に厚生労働省の予算で国庫補助化された制度ですが、現在は一般財源化されています。現行の児童福祉法第二十一条の十一にその規定があり、「**当該保護者が最も適切な子育て支援事業の利用ができるよう、相談に応じ、必要な助言を行うものとする**」と明記されているように、本事業が地域子育て支援の要であることがわかります。以下に条文の内容を転載しますので、参照してください。

児童福祉法（昭和二十二年十二月十二日法律第百六十四号）
　　　　　　　　　最終改正：平成二〇年一二月一九日法律第九三号
第二十一条の十一　市町村は、子育て支援事業に関し必要な情報の提供を行うとともに、保護者から求めがあつたときは、**当該保護者の希望、その児童の養育の状況、当該児童に必要な支援の内容その他の事情を勘案し、当該保護者が最も適切な子育て支援事業の利用ができるよう、相談に応じ、必要な助言を行うものとする**。
　○2　市町村は、前項の助言を受けた保護者から求めがあつた場合には、**必要に応じて、子育て支援事業の利用についてあつせん又は調整を行うとともに、子育て支援事業を行う者に対し、当該保護者の利用の要請を行うものとする**。
　○3　市町村は、第一項の情報の提供、相談及び助言並びに前項のあつせん、調整及び要請の事務を当該市町村以外の者に委託することができる。
　○4　子育て支援事業を行う者は、前二項の規定により行われるあつせん、調整及び要請に対し、できる限り協力しなければならない。

　本アンケートでは、上記の下線部に示された業務を「子育て支援総合コーディネート」と呼びます。また、「子育て支援総合コーディネート事業」は、平成15年に国庫補助により制定され、現在も一般財源の中で認められている事業を指しています。
　本アンケートは「子育て支援総合コーディネート」を実際に行っている人を「**子育て支援総合コーディネーター**」と呼びます。
　※なお、アンケートの中では、「子育て支援総合コーディネート事業」を「コーディネート事業」、「子育て支援総合コーディネート」を「コーディネート」、「子育て支援総合コーディネーター」を「コーディネーター」と記す場合があります。

[本アンケートの構成]
　本アンケートは次のような質問の構成になっています。
1　アンケートをお答えいただく方について
2　貴市区町の子育て環境について
3　あなたの子育て支援総合コーディネートに関するお考えと現状について

|無断転載不可|

1 アンケートにお答えいただく方について
(データの処理は匿名で行いますので安心してお答えください。)

1. あなたの職場の都道府県名をお答えください。

　　　　　　　　　　　　　　　都・道
　　＿＿＿＿＿＿＿＿＿＿＿＿＿府・県

　　　　　　　　　　　　　　　　　　　　　　　※事務処理用

2. あなたの職場の市区町の分類をお答えください。(**ひとつだけチェック☑**)
　　□¹ 中核市　　　　□² 市（中核市以外の市）　　□³ 東京23区
　　□⁴ 区（東京23区以外）　　□⁵ 町

3. あなたの性別をお答えください。(**ひとつだけチェック☑**)
　　□¹ 女　　　　□² 男

4. あなたの年齢をお答えください。
　　（　　　　）歳

5. あなたはコーディネーターとして働いて何年目かをお答えください。
　　（　　　　）年

6. あなたの所持されている免許・資格についてお答えください。(**複数回答可☑**)
　　□¹ 社会福祉士　　□² 精神保健福祉士　　□³ 保育士　　□⁴ 臨床心理士　　□⁵ 看護師
　　□⁶ 幼稚園教諭　　□⁷ 小学校教諭　　□⁸ 中学校教諭　　□⁹ 高等学校教諭
　　□¹⁰ 保健師
　　□¹¹ その他　具体的に（　　　　　　　　　　　　　　　　　　　　　　　）

7. あなたの現在のコーディネーターとしての雇用形態についてお答えください。
　　(**ひとつだけチェック☑**)
　　□¹ 非常勤　　　　□² 常勤

8. あなたの週あたりの出勤日数及び、一日の労働時間についてお答えください。
　　週平均（　　　）日出勤　　一日あたり平均（　　　）時間勤務

9. あなたのコーディネーターとしての月収についてお答えください。(**ひとつだけチェック☑**)
　　□¹ 月5万円未満　　□² 月5万円以上7万円未満　　□³ 月7万円以上10万円未満
　　□⁴ 月10万円以上13万円未満　　□⁵ 月13万円以上15万円未満
　　□⁶ 月15万円以上20万円未満　　□⁷ 月20万円以上

無断転載不可

10. あなたの勤務場所の名称をお答えください。（例　子育て支援センター）

11. あなたの職場のコーディネーターの数（常勤・非常勤合わせて）についてお答えください。
    （　　　　　）人

12. あなたが受け持つ一日の相談件数についてお答えください。
    約（　　　　　）ケース

13. あなたの子育て経験についてお答えください。**（ひとつだけチェック☑）**
    □¹ 子育て経験あり　　□² 子育て経験なし

14. 過去に就いておられた職業について、あればお答えください。（例　小学校教員）

2　貴市区町の子育て環境について

以下の質問に対してそれぞれ、現状に対して貴市区町の『住民』がどう考えているかを想定して□¹「全く」そう思わないから□¹⁰「十分」そう思う、までの10段階でお答えください。
（それぞれ、ひとつだけチェック☑）

1. 貴市区町の子育て支援サービスはわかりやすい　　全く □1 □2 □3 □4 □5 □6 □7 □8 □9 □10 十分
2. 貴市区町の子育て支援サービスは利用しやすい　　全く □1 □2 □3 □4 □5 □6 □7 □8 □9 □10 十分
3. 貴市区町の子育て支援に関する情報提供に満足している　　全く □1 □2 □3 □4 □5 □6 □7 □8 □9 □10 十分
4. 貴市区町のコーディネートはうまくいっている　　全く □1 □2 □3 □4 □5 □6 □7 □8 □9 □10 十分

「子育て支援総合コーディネート事業」を実施しておられない場合にも以下の質問にお答えください。

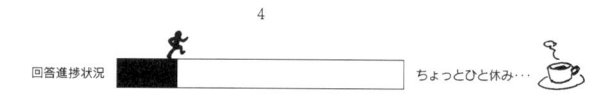

回答進捗状況　　　　　　　　　　　　　ちょっとひと休み…

|3| **あなたの子育て支援総合コーディネートに関するお考えと現状**

貴市区町の子育て支援総合コーディネートに関する「現状」と「お考え」をお尋ねします。

下記の質問に対し、「①現状」では、**あなたがコーディネーターとしてどれくらい（実施）できているのかを**10段階で記入してください。チェック欄□は、最も左側の「まったく（実施）できていない」□から、最も右側の「十分（実施）できている」□までの10段階を示しています。また、現状がどうしてもわからない場合のみ、「わからない」□にチェックをしてください。

また、下記の質問に対し、「②お考え」では、**あなたがコーディネーターとしてどれくらい重要であると「お考え」なのかを**10段階で記入してください。チェック欄□は、最も左側の「まったく重要でない」□から、最も右側の「最も重要である」□までの10段階を示しています。（お考えについては、必ず10段階の中でお答えください。）また、答えにくい質問もあるかと思いますが、**以下すべての質問にお答えいただきますよう、**お願いいたします。

Ⅰ．コーディネーターの役割や力量についてお尋ねします。

	①現状	②お考え
	まったく（実施）できていない ⇔ 十分（実施）できている ／ わからない	まったく重要でない ⇔ 最も重要である
例．誰もが住みやすい市区町にする	1 2 3 4 5 6 7 8 9 10 ／ 0	1 2 3 4 5 6 7 8 9 10
1．母親が集まりやすいところに出向く	1 2 3 4 5 6 7 8 9 10 ／ 0	1 2 3 4 5 6 7 8 9 10
2．医療機関と協働する	1 2 3 4 5 6 7 8 9 10 ／ 0	1 2 3 4 5 6 7 8 9 10
3．保育所と協働する	1 2 3 4 5 6 7 8 9 10 ／ 0	1 2 3 4 5 6 7 8 9 10
4．幼稚園と協働する	1 2 3 4 5 6 7 8 9 10 ／ 0	1 2 3 4 5 6 7 8 9 10

回答進捗状況　　　　　　　さあ、はじめましょう

I．コーディネーターの役割や力量についてお尋ねします。（つづき）

	①現状 まったくできていない(実施) ⇔ 十分できている(実施) ／ わからない	②お考え まったく重要でない ⇔ 最も重要である
5．学校と協働する	1 2 3 4 5 6 7 8 9 10　0	1 2 3 4 5 6 7 8 9 10
6．民生児童委員、主任児童委員と協働する	1 2 3 4 5 6 7 8 9 10　0	1 2 3 4 5 6 7 8 9 10
7．児童相談所と協働する	1 2 3 4 5 6 7 8 9 10　0	1 2 3 4 5 6 7 8 9 10
8．警察と協働する	1 2 3 4 5 6 7 8 9 10　0	1 2 3 4 5 6 7 8 9 10
9．障害関係部署と協働する	1 2 3 4 5 6 7 8 9 10　0	1 2 3 4 5 6 7 8 9 10
10．保育系部署と協働する	1 2 3 4 5 6 7 8 9 10　0	1 2 3 4 5 6 7 8 9 10
11．教育系部署と協働する	1 2 3 4 5 6 7 8 9 10　0	1 2 3 4 5 6 7 8 9 10
12．医療保健部署と協働する	1 2 3 4 5 6 7 8 9 10　0	1 2 3 4 5 6 7 8 9 10
13．相談経路（どこから相談がきてどこにつなぐか）を把握する	1 2 3 4 5 6 7 8 9 10　0	1 2 3 4 5 6 7 8 9 10
14．虐待ケースについて緊急性の判断をする	1 2 3 4 5 6 7 8 9 10　0	1 2 3 4 5 6 7 8 9 10
15．利用者の精神的健康について緊急性の判断をする	1 2 3 4 5 6 7 8 9 10　0	1 2 3 4 5 6 7 8 9 10
16．家庭の生活状況について緊急性の判断をする	1 2 3 4 5 6 7 8 9 10　0	1 2 3 4 5 6 7 8 9 10

|無断転載不可|

Ｉ．コーディネーターの役割や力量についてお尋ねします。（つづき）

	①現状 まったく（実施）できていない ⇔ 十分（実施）できている / わからない	②お考え まったく重要でない ⇔ 最も重要である
17. コーディネートについて説明する	1 2 3 4 5 6 7 8 9 10　　0	1 2 3 4 5 6 7 8 9 10
18. 書面または口頭で利用者と契約をする	1 2 3 4 5 6 7 8 9 10　　0	1 2 3 4 5 6 7 8 9 10
19. 利用者のニーズの内容を把握する	1 2 3 4 5 6 7 8 9 10　　0	1 2 3 4 5 6 7 8 9 10
20. 利用者が潜在的にもっている力を把握する	1 2 3 4 5 6 7 8 9 10　　0	1 2 3 4 5 6 7 8 9 10
21. 利用者のニーズに対する利用可能な家族・親戚・友人などの私的なサポートを把握する	1 2 3 4 5 6 7 8 9 10　　0	1 2 3 4 5 6 7 8 9 10
22. 利用者のニーズに対する公的なサービスを把握する	1 2 3 4 5 6 7 8 9 10　　0	1 2 3 4 5 6 7 8 9 10
23. どの子育て支援サービスにつなげるか援助計画をたてる	1 2 3 4 5 6 7 8 9 10　　0	1 2 3 4 5 6 7 8 9 10
24. 利用者の予算に見合ったサービス計画をたてる	1 2 3 4 5 6 7 8 9 10　　0	1 2 3 4 5 6 7 8 9 10
25. 利用者が求めているサービスを紹介し、つなぐ	1 2 3 4 5 6 7 8 9 10　　0	1 2 3 4 5 6 7 8 9 10
26. 利用者自身がサービスを選択できるようにする	1 2 3 4 5 6 7 8 9 10　　0	1 2 3 4 5 6 7 8 9 10

回答進捗状況

無断転載不可

Ｉ．コーディネーターの役割や力量についてお尋ねします。（つづき）

	①現状	わからない	②お考え
	まったくできていない（実施） ⇔ 十分（実施）できている		まったく重要でない ⇔ 最も重要である
27. 利用者の潜在的にもつ力を高めることができるような計画をたてる	1 2 3 4 5 6 7 8 9 10	0	1 2 3 4 5 6 7 8 9 10
28. 利用者に必要なサービスの申請の仕方を伝える	1 2 3 4 5 6 7 8 9 10	0	1 2 3 4 5 6 7 8 9 10
29. 必要な場合は利用者と一緒にサービスの申請に出向く	1 2 3 4 5 6 7 8 9 10	0	1 2 3 4 5 6 7 8 9 10
30. 必要な場合は利用者に代わってサービスの申請をする	1 2 3 4 5 6 7 8 9 10	0	1 2 3 4 5 6 7 8 9 10
31. 必要な場合は他の機関・団体に連絡をとる	1 2 3 4 5 6 7 8 9 10	0	1 2 3 4 5 6 7 8 9 10
32. 家族・親戚・友人などの利用者の私的な資源に働きかける	1 2 3 4 5 6 7 8 9 10	0	1 2 3 4 5 6 7 8 9 10
33. 子育ての悩みについて相談に応じて助言をする	1 2 3 4 5 6 7 8 9 10	0	1 2 3 4 5 6 7 8 9 10
34. 夫婦関係の悩みについて相談に応じて助言をする	1 2 3 4 5 6 7 8 9 10	0	1 2 3 4 5 6 7 8 9 10
35. 利用者の生活全般の幅広い悩みについて相談に応じて助言をする	1 2 3 4 5 6 7 8 9 10	0	1 2 3 4 5 6 7 8 9 10
36. 利用者のサービス利用状況を把握する（利用者のモニタリング）	1 2 3 4 5 6 7 8 9 10	0	1 2 3 4 5 6 7 8 9 10

回答進捗状況

Ⅰ．コーディネーターの役割や力量についてお尋ねします。（つづき）

	①現状	わからない	②お考え
	まったくできていない（実施）← → 十分できている（実施）		まったく重要でない ← → 最も重要である
37. つないだサービスがどのように提供されているか把握する	1 2 3 4 5 6 7 8 9 10 □□□□□□□□□□	0 □	1 2 3 4 5 6 7 8 9 10 □□□□□□□□□□
38. サービスにつないだケースのその後を把握する（フォローアップ）	1 2 3 4 5 6 7 8 9 10 □□□□□□□□□□	0 □	1 2 3 4 5 6 7 8 9 10 □□□□□□□□□□
39. つないだサービスが適切でなかった場合、もう一度個別情報を把握する	1 2 3 4 5 6 7 8 9 10 □□□□□□□□□□	0 □	1 2 3 4 5 6 7 8 9 10 □□□□□□□□□□
40. 一般常識を持っている	1 2 3 4 5 6 7 8 9 10 □□□□□□□□□□	0 □	1 2 3 4 5 6 7 8 9 10 □□□□□□□□□□
41. 行政が行っている子育て関連事業を熟知する	1 2 3 4 5 6 7 8 9 10 □□□□□□□□□□	0 □	1 2 3 4 5 6 7 8 9 10 □□□□□□□□□□
42. 必要な法制度を理解する	1 2 3 4 5 6 7 8 9 10 □□□□□□□□□□	0 □	1 2 3 4 5 6 7 8 9 10 □□□□□□□□□□
43. コーディネーターの役割を熟知する	1 2 3 4 5 6 7 8 9 10 □□□□□□□□□□	0 □	1 2 3 4 5 6 7 8 9 10 □□□□□□□□□□
44. 虐待について専門的知識をもつ	1 2 3 4 5 6 7 8 9 10 □□□□□□□□□□	0 □	1 2 3 4 5 6 7 8 9 10 □□□□□□□□□□
45. 精神障害について専門的知識をもつ	1 2 3 4 5 6 7 8 9 10 □□□□□□□□□□	0 □	1 2 3 4 5 6 7 8 9 10 □□□□□□□□□□
46. 発達障害について専門的知識をもつ	1 2 3 4 5 6 7 8 9 10 □□□□□□□□□□	0 □	1 2 3 4 5 6 7 8 9 10 □□□□□□□□□□
47. コーディネートの専門性を認識する	1 2 3 4 5 6 7 8 9 10 □□□□□□□□□□	0 □	1 2 3 4 5 6 7 8 9 10 □□□□□□□□□□

無断転載不可

Ⅰ．コーディネーターの役割や力量についてお尋ねします。（つづき）

	①現状 まったく（実施）できていない ⇔ 十分（実施）できている ／ わからない	②お考え まったく重要でない ⇔ 最も重要である
48. 子育て支援に関する専門的知識と技術をもつ	1 2 3 4 5 6 7 8 9 10 ／ 0	1 2 3 4 5 6 7 8 9 10
49. 利用者とサービスをつなぐための専門的知識と技術をもつ	1 2 3 4 5 6 7 8 9 10 ／ 0	1 2 3 4 5 6 7 8 9 10
50. コーディネートの目的・機能を熟知する	1 2 3 4 5 6 7 8 9 10 ／ 0	1 2 3 4 5 6 7 8 9 10
51. 利用者に対して共感できる	1 2 3 4 5 6 7 8 9 10 ／ 0	1 2 3 4 5 6 7 8 9 10
52. 利用者に対してあたたかく接することができる	1 2 3 4 5 6 7 8 9 10 ／ 0	1 2 3 4 5 6 7 8 9 10
53. 利用者に対して誠実である	1 2 3 4 5 6 7 8 9 10 ／ 0	1 2 3 4 5 6 7 8 9 10
54. 利用者と信頼関係を結ぶことができる	1 2 3 4 5 6 7 8 9 10 ／ 0	1 2 3 4 5 6 7 8 9 10
55. ケースにあわせて柔軟な対応ができる	1 2 3 4 5 6 7 8 9 10 ／ 0	1 2 3 4 5 6 7 8 9 10
56. 事務処理ができる	1 2 3 4 5 6 7 8 9 10 ／ 0	1 2 3 4 5 6 7 8 9 10
57. 人を思いやる気持ち（コンパッション）を持つことができる	1 2 3 4 5 6 7 8 9 10 ／ 0	1 2 3 4 5 6 7 8 9 10
58. 組織のルールに従って行動できる（コンプライアンス）	1 2 3 4 5 6 7 8 9 10 ／ 0	1 2 3 4 5 6 7 8 9 10

回答進捗状況　　さあ、はじめましょう

無断転載不可

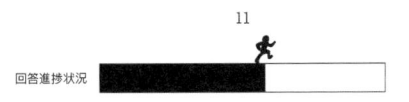

Ｉ．コーディネーターの役割や力量についてお尋ねします。（つづき）

	①現状 まったく（実施）できていない ⇔ 十分（実施）できている　わからない	②お考え まったく重要でない ⇔ 最も重要である
59. 個別のケースにあわせて適切な距離を保つことができる	1 2 3 4 5 6 7 8 9 10　0	1 2 3 4 5 6 7 8 9 10
60. 親の視点に立って支援することができる	1 2 3 4 5 6 7 8 9 10　0	1 2 3 4 5 6 7 8 9 10
61. パソコンの基本的な操作ができる	1 2 3 4 5 6 7 8 9 10　0	1 2 3 4 5 6 7 8 9 10
62. ソーシャルワーカーとして十分な勤務経験がある	1 2 3 4 5 6 7 8 9 10　0	1 2 3 4 5 6 7 8 9 10
63. サービスをわかりやすく説明できる	1 2 3 4 5 6 7 8 9 10　0	1 2 3 4 5 6 7 8 9 10
64. 利用者を個人として尊重する	1 2 3 4 5 6 7 8 9 10　0	1 2 3 4 5 6 7 8 9 10
65. 利用者が感情表現をしやすい雰囲気づくりをする	1 2 3 4 5 6 7 8 9 10　0	1 2 3 4 5 6 7 8 9 10
66. 自分（コーディネーター）の感情の動きをよく自覚したうえで適切に表現する	1 2 3 4 5 6 7 8 9 10　0	1 2 3 4 5 6 7 8 9 10
67. 利用者をあるがままに受け止める	1 2 3 4 5 6 7 8 9 10　0	1 2 3 4 5 6 7 8 9 10
68. 利用者の秘密を守る	1 2 3 4 5 6 7 8 9 10　0	1 2 3 4 5 6 7 8 9 10
69. 利用者の行いや考えについて善悪の判断をしない	1 2 3 4 5 6 7 8 9 10　0	1 2 3 4 5 6 7 8 9 10

回答進捗状況

無断転載不可

I．コーディネーターの役割や力量についてお尋ねします。（つづき）

	①現状 まったく（実施）できていない ⇔ 十分（実施）できている わからない	②お考え まったく重要でない ⇔ 最も重要である
70. 利用者が自己決定をできるように促す	1 2 3 4 5 6 7 8 9 10　0	1 2 3 4 5 6 7 8 9 10
71. コーディネートを行う際に倫理的配慮をする	1 2 3 4 5 6 7 8 9 10　0	1 2 3 4 5 6 7 8 9 10
72. 子どもの権利を尊重する	1 2 3 4 5 6 7 8 9 10　0	1 2 3 4 5 6 7 8 9 10
73. 地域住民の福祉のために活動しているという姿勢を示す	1 2 3 4 5 6 7 8 9 10　0	1 2 3 4 5 6 7 8 9 10
74. 子育てや子育て支援を尊重する姿勢を示す	1 2 3 4 5 6 7 8 9 10　0	1 2 3 4 5 6 7 8 9 10
75. ソーシャルワークの理念を尊重する	1 2 3 4 5 6 7 8 9 10　0	1 2 3 4 5 6 7 8 9 10
76. 援助に対するモチベーションを維持する	1 2 3 4 5 6 7 8 9 10　0	1 2 3 4 5 6 7 8 9 10
77. 情報管理に責任をもつ	1 2 3 4 5 6 7 8 9 10　0	1 2 3 4 5 6 7 8 9 10
78. 利用者に対して謙虚である	1 2 3 4 5 6 7 8 9 10　0	1 2 3 4 5 6 7 8 9 10
79. 地域の特性を把握する	1 2 3 4 5 6 7 8 9 10　0	1 2 3 4 5 6 7 8 9 10
80. ケース記録をつける	1 2 3 4 5 6 7 8 9 10　0	1 2 3 4 5 6 7 8 9 10
81. コーディネーター同士で連携する	1 2 3 4 5 6 7 8 9 10　0	1 2 3 4 5 6 7 8 9 10

回答進捗状況

Ⅰ．コーディネーターの役割や力量についてお尋ねします。（つづき）

	①現状 まったくできていない ⇔ 十分（実施）できている / わからない	②お考え まったく重要でない ⇔ 最も重要である
82. 地域の子育て支援ニーズを把握する	1 2 3 4 5 6 7 8 9 10　0	1 2 3 4 5 6 7 8 9 10
83. 子育て支援ニーズに関わらず住民のニーズを把握する	1 2 3 4 5 6 7 8 9 10　0	1 2 3 4 5 6 7 8 9 10
84. 障害、要保護、育児相談などのニーズ別の社会資源を把握する	1 2 3 4 5 6 7 8 9 10　0	1 2 3 4 5 6 7 8 9 10
85. 相談件数や相談内容などの記録をつける	1 2 3 4 5 6 7 8 9 10　0	1 2 3 4 5 6 7 8 9 10
86. 援助の質を高めるための事例検討をする（ケース・スタディ）	1 2 3 4 5 6 7 8 9 10　0	1 2 3 4 5 6 7 8 9 10
87. コーディネートに関わる関係機関での検討会議に出席する	1 2 3 4 5 6 7 8 9 10　0	1 2 3 4 5 6 7 8 9 10
88. 連携機関のスタッフと飲み会などの非公式な交流の場を持つ	1 2 3 4 5 6 7 8 9 10　0	1 2 3 4 5 6 7 8 9 10
89. 利用者をどのサービスにつないだか記録する	1 2 3 4 5 6 7 8 9 10　0	1 2 3 4 5 6 7 8 9 10
90. つないだサービス提供者から実際の利用状況を問い、記録する	1 2 3 4 5 6 7 8 9 10　0	1 2 3 4 5 6 7 8 9 10
91. 他専門職に対して助言をする	1 2 3 4 5 6 7 8 9 10　0	1 2 3 4 5 6 7 8 9 10

回答進捗状況　　ちょっとひと休み…

無断転載不可

Ⅱ．コーディネーターのおかれている環境についてお尋ねします。

	①現状 まったく（実施）できていない ⇔ 十分（実施）できている ／ わからない	②お考え まったく重要でない ⇔ 最も重要である
1．日報の書式を作成している	1 2 3 4 5 6 7 8 9 10　0	1 2 3 4 5 6 7 8 9 10
2．ケース記録の書式を作成している	1 2 3 4 5 6 7 8 9 10　0	1 2 3 4 5 6 7 8 9 10
3．ケース発見で他機関と協力するシステムがある	1 2 3 4 5 6 7 8 9 10　0	1 2 3 4 5 6 7 8 9 10
4．利用者と契約を交わすための様式がある	1 2 3 4 5 6 7 8 9 10　0	1 2 3 4 5 6 7 8 9 10
5．コーディネーターの継続的研修体制を整備する	1 2 3 4 5 6 7 8 9 10　0	1 2 3 4 5 6 7 8 9 10
6．コーディネーターが他専門職からの助言を受けることができる環境を用意する	1 2 3 4 5 6 7 8 9 10　0	1 2 3 4 5 6 7 8 9 10
7．現場で必要な時に指導が受けられる	1 2 3 4 5 6 7 8 9 10　0	1 2 3 4 5 6 7 8 9 10
8．子育て支援に関する情報をとりまとめ、整理する	1 2 3 4 5 6 7 8 9 10　0	1 2 3 4 5 6 7 8 9 10
9．子育て支援の窓口の一本化（ワンストップ）を図る	1 2 3 4 5 6 7 8 9 10　0	1 2 3 4 5 6 7 8 9 10
10．市区町担当者と現場コーディネーターの意思疎通を図る	1 2 3 4 5 6 7 8 9 10　0	1 2 3 4 5 6 7 8 9 10

回答進捗状況　　もうひとふんばり…

無断転載不可

Ⅱ．コーディネーターのおかれている環境についてお尋ねします。（つづき）

	①現状 まったくできていない（実施）⇔十分できている（実施） わからない	②お考え まったく重要でない⇔最も重要である
11. コーディネート事業を市区町が責任をもって推進する	1 2 3 4 5 6 7 8 9 10　0	1 2 3 4 5 6 7 8 9 10
12. 市区町が子育て支援事業に積極的に取り組む	1 2 3 4 5 6 7 8 9 10　0	1 2 3 4 5 6 7 8 9 10
13. 行政の縦割（例えば、福祉関係の課と教育関係の課など）によって子育て支援事業を分断しないようにする	1 2 3 4 5 6 7 8 9 10　0	1 2 3 4 5 6 7 8 9 10
14. 市区町の相談機関に子育て支援事業全体を見渡し、統括できる人材がいる	1 2 3 4 5 6 7 8 9 10　0	1 2 3 4 5 6 7 8 9 10
15. 子育て支援に関連する法改正に組織として対応する	1 2 3 4 5 6 7 8 9 10　0	1 2 3 4 5 6 7 8 9 10
16. コーディネーター同士の人間関係がうまくいく	1 2 3 4 5 6 7 8 9 10　0	1 2 3 4 5 6 7 8 9 10
17. コーディネーター事業管轄の上司と人間関係がうまくいく	1 2 3 4 5 6 7 8 9 10　0	1 2 3 4 5 6 7 8 9 10
18. コーディネーターとしての業務を明確にする	1 2 3 4 5 6 7 8 9 10　0	1 2 3 4 5 6 7 8 9 10
19. コーディネーター間の業務担当を明確にする	1 2 3 4 5 6 7 8 9 10　0	1 2 3 4 5 6 7 8 9 10

無断転載不可

Ⅱ．コーディネーターのおかれている環境についてお尋ねします。（つづき）

	①現状 まったくできていない ⇔ 十分（実施）できている／わからない	②お考え まったく重要でない ⇔ 最も重要である
20. 一定の職位を確立する	1 2 3 4 5 6 7 8 9 10　0	1 2 3 4 5 6 7 8 9 10
21. コーディネーターとしての権限を明確にする	1 2 3 4 5 6 7 8 9 10　0	1 2 3 4 5 6 7 8 9 10
22. 職場がコーディネーターの役割を理解する	1 2 3 4 5 6 7 8 9 10　0	1 2 3 4 5 6 7 8 9 10
23. 職場がコーディネーターの仕事を重要な役割として評価する	1 2 3 4 5 6 7 8 9 10　0	1 2 3 4 5 6 7 8 9 10
24. 職場がコーディネーターを専門職として理解する	1 2 3 4 5 6 7 8 9 10　0	1 2 3 4 5 6 7 8 9 10
25. コーディネーターの資格要件を定める	1 2 3 4 5 6 7 8 9 10　0	1 2 3 4 5 6 7 8 9 10
26. コーディネーターに有資格者（社会福祉士・保育士等）を雇用する	1 2 3 4 5 6 7 8 9 10　0	1 2 3 4 5 6 7 8 9 10
27. コーディネート事業に対する予算措置がある	1 2 3 4 5 6 7 8 9 10　0	1 2 3 4 5 6 7 8 9 10
28. コーディネーターの人材育成費用を確保する	1 2 3 4 5 6 7 8 9 10　0	1 2 3 4 5 6 7 8 9 10
29. コーディネーターの人材にふさわしい給与を保証する	1 2 3 4 5 6 7 8 9 10　0	1 2 3 4 5 6 7 8 9 10

回答進捗状況

無断転載不可

Ⅱ．コーディネーターのおかれている環境についてお尋ねします。（つづき）

	①現状	②お考え
	まったく（実施）できていない ⇔ 十分（実施）できている　わからない	まったく重要でない ⇔ 最も重要である
30．コーディネーター専有の電話を設置する	1 2 3 4 5 6 7 8 9 10　0	1 2 3 4 5 6 7 8 9 10
31．コーディネーター専有のパソコンを設置する	1 2 3 4 5 6 7 8 9 10　0	1 2 3 4 5 6 7 8 9 10
32．コーディネーターを利用者にわかりやすい場所に配置する	1 2 3 4 5 6 7 8 9 10　0	1 2 3 4 5 6 7 8 9 10
33．利用者がコーディネーターと話しやすい空間設定をする	1 2 3 4 5 6 7 8 9 10　0	1 2 3 4 5 6 7 8 9 10
34．コーディネーターの適切な配置体制をとる	1 2 3 4 5 6 7 8 9 10　0	1 2 3 4 5 6 7 8 9 10
35．コーディネート専任職員を確保する	1 2 3 4 5 6 7 8 9 10　0	1 2 3 4 5 6 7 8 9 10
36．コーディネート専任職員を常駐する	1 2 3 4 5 6 7 8 9 10　0	1 2 3 4 5 6 7 8 9 10
37．コーディネーターの福利厚生を保証する	1 2 3 4 5 6 7 8 9 10　0	1 2 3 4 5 6 7 8 9 10
38．異動による引き継ぎを保証する	1 2 3 4 5 6 7 8 9 10　0	1 2 3 4 5 6 7 8 9 10
39．適切な勤務時間を確保する	1 2 3 4 5 6 7 8 9 10　0	1 2 3 4 5 6 7 8 9 10

回答進捗状況　　あと少し…

無断転載不可

Ⅱ．コーディネーターのおかれている環境についてお尋ねします。（つづき）

	①現状 まったく（実施）できていない ⇔ 十分（実施）できている ／ わからない	②お考え まったく重要でない ⇔ 最も重要である
40. コーディネート事業を子育て家庭に広報する	1 2 3 4 5 6 7 8 9 10　0	1 2 3 4 5 6 7 8 9 10
41. コーディネーターの存在を住民にわかりやすく広報する	1 2 3 4 5 6 7 8 9 10　0	1 2 3 4 5 6 7 8 9 10
42. 子育て支援事業を子育て家庭に広報する	1 2 3 4 5 6 7 8 9 10　0	1 2 3 4 5 6 7 8 9 10
43. ケース記録を電子化し、蓄積（データベース化）する	1 2 3 4 5 6 7 8 9 10　0	1 2 3 4 5 6 7 8 9 10
44. コーディネート業務のマニュアル化を図る	1 2 3 4 5 6 7 8 9 10　0	1 2 3 4 5 6 7 8 9 10
45. コーディネート業務のICT化（電子化）を図る	1 2 3 4 5 6 7 8 9 10　0	1 2 3 4 5 6 7 8 9 10
46. 情報提供ツール（広報誌・子育てマップ・HPなど）をもつ	1 2 3 4 5 6 7 8 9 10　0	1 2 3 4 5 6 7 8 9 10
47. 子育て支援サービスに関する情報のデータベース化を図る	1 2 3 4 5 6 7 8 9 10　0	1 2 3 4 5 6 7 8 9 10
48. 市区町としてコーディネート事業の事業評価をする	1 2 3 4 5 6 7 8 9 10　0	1 2 3 4 5 6 7 8 9 10
49. 相談ケースの情報を集計し、分析（統計処理）する	1 2 3 4 5 6 7 8 9 10　0	1 2 3 4 5 6 7 8 9 10

ラストスパート！

回答進捗状況

無断転載不可

Ⅱ．コーディネーターのおかれている環境についてお尋ねします。（つづき）

	①現状	②お考え
	まったくできていない（実施） ⇔ 十分（実施）できている　わからない	まったく重要でない ⇔ 最も重要である
50. コーディネートの手引き・ガイドラインがある	1 2 3 4 5 6 7 8 9 10　0 □□□□□□□□□□　□	1 2 3 4 5 6 7 8 9 10 □□□□□□□□□□
51. 利用者がコーディネート事業を評価する	1 2 3 4 5 6 7 8 9 10　0 □□□□□□□□□□　□	1 2 3 4 5 6 7 8 9 10 □□□□□□□□□□

■最後に

本質問紙、子育て支援総合コーディネート事業について等、何でも結構です。
ご意見等ございましたらお書きください。

質問は以上です。最後に記入漏れがないかもう一度お確かめください。
お答えいただきましてありがとうございました。

資料3 コーディネーターに求められる「力量」に関する因子分析（現状）

質問項目	抽出因子 I	抽出因子 II	抽出因子 III
人を援助する基本的姿勢を維持する力（$\alpha=.99$）			
1-57. 人を思いやる気持ち（コンパッション）を持つことができる	.928	.108	.176
1-58. 組織のルールに従って行動できる（コンプライアンス）	.923	.114	.085
1-53. 利用者に対して誠実である	.922	.122	.152
1-52. 利用者に対してあたたかく接することができる	.904	.122	.193
1-64. 利用者を個人として尊重する	.895	.167	.173
1-55. ケースにあわせて柔軟な対応ができる	.884	.161	.239
1-54. 利用者と信頼関係を結ぶことができる	.879	.121	.218
1-78. 謙虚である	.870	.161	.197
1-40. 一般常識を持っている	.842	.127	.182
1-51. 利用者に対して共感できる	.839	.135	.254
1-72. 子どもの権利を尊重する	.828	.155	.156
1-74. 子育てや子育て支援を尊重する姿勢を示す	.826	.139	.189
1-79. 地域の特性を把握する	.823	.193	.222
1-68. 利用者の秘密を守る	.812	.170	.076
1-77. 情報管理に責任をもつ	.810	.115	.115
1-56. 事務処理ができる	.805	.180	.166
1-41. 行政が行っている子育て関連事業を熟知する	.804	.215	.204
1-69. 利用者の行いや考えについて善悪の判断をしない	.765	.143	.212
1-61. パソコンの基本的な操作ができる	.746	.178	.136
1-82. 地域の子育て支援ニーズを把握する	.718	.188	.248
他機関・他部署と協働する力（$\alpha=.91$）			
1-11. 教育系部署と協働する	.067	.853	.125
1-7. 児童相談所と協働する	.082	.807	.166
1-9. 障害関係部署と協働する	.137	.773	.147
1-8. 警察と協働する	-.009	.757	.239
1-12. 医療保健部署と協働する	.265	.685	.081
1-10. 保育系部署と協働する	.284	.680	-.005
1-14. 虐待ケースについて緊急性の判断をする	.242	.677	.175
1-6. 民生児童委員、主任児童委員と協働する	.216	.672	.104
1-4. 幼稚園と協働する	.052	.494	.270
計画的にマネジメントする力（$\alpha=.88$）			
1-24. 利用者の予算に見合ったサービス計画をたてる	.243	.203	.810
1-27. 利用者の潜在的にもつ力を高めることができるような計画をたてる	.244	.203	.796
1-23. どの子育て支援サービスにつなげるか援助計画をたてる	.275	.235	.788
1-30. 必要な場合は利用者に代わってサービスの申請をする	.198	.244	.647
1-18. 書面または口頭で利用者と契約をする	.171	.044	.551
1-88. 連携機関のスタッフと飲み会などの非公式な交流の場をもつ	.205	.209	.533
寄与率	42.321	15.280	11.006

資料4 コーディネーターに求められる「力量」に関する因子分析（考え）

質問項目	抽出因子 I	抽出因子 II	抽出因子 III
人を援助する基本的姿勢を維持する力（$\alpha = .96$）			
1-53. 利用者に対して誠実である	.879	.105	.127
1-54. 利用者と信頼関係を結ぶことができる	.839	.126	.192
1-57. 人を思いやる気持ち（コンパッション）を持つことができる	.839	.161	.176
1-52. 利用者に対してあたたかく接することができる	.832	.126	.119
1-55. ケースにあわせて柔軟な対応ができる	.832	.129	.225
1-58. 組織のルールに従って行動できる（コンプライアンス）	.800	.176	.182
1-64. 利用者を個人として尊重する	.798	.240	.208
1-41. 行政が行っている子育て関連事業を熟知する	.757	.165	.206
1-77. 情報管理に責任をもつ	.725	.166	.157
1-40. 一般常識を持っている	.693	.212	.118
1-63. サービスをわかりやすく説明できる	.691	.255	.214
1-48. 子育て支援に関する専門的知識と技術をもつ	.685	.242	.232
1-68. 利用者の秘密を守る	.678	.062	.125
1-72. 子どもの権利を尊重する	.676	.221	.182
1-42. 必要な法制度を理解する	.660	.242	.233
1-82. 地域の子育て支援ニーズを把握する	.631	.237	.227
1-69. 利用者の行いや考えについて善悪の判断をしない	.537	.251	.177
1-61. パソコンの基本的な操作ができる	.518	.239	.260
資源をマネジメントする力（$\alpha = .87$）			
1-30. 必要な場合は利用者に代わってサービスの申請をする	.074	.757	.138
1-29. 必要な場合は利用者と一緒にサービスの申請に出向く	.203	.733	.169
1-32. 家族・親戚・友人などの利用者の私的な資源に働きかける	.163	.719	.183
1-27. 利用者の潜在的にもつ力を高めることができるような計画をたてる	.267	.693	.191
1-24. 利用者の予算に見合ったサービス計画をたてる	.188	.655	.189
1-21. 利用者のニーズに対する利用可能な家族・親戚・友人などの私的なサポートを把握する	.269	.643	.230
1-18. 書面または口頭で利用者と契約をする	.137	.521	.134
1-17. コーディネートについて説明する	.297	.463	.208
1-88. 連携機関のスタッフと飲み会などの非公式な交流の場をもつ	.056	.326	.088
他機関・他部署と協働する力（$\alpha = .91$）			
1-5. 学校と協働する	.162	.269	.790
1-11. 教育系部署と協働する	.225	.249	.774
1-7. 児童相談所と協働する	.222	.212	.721
1-3. 保育所と協働する	.264	.142	.702
1-9. 障害関係部署と協働する	.269	.291	.668
1-4. 幼稚園と協働する	.171	.173	.646
1-6. 民生児童委員、主任児童委員と協働する	.292	.260	.628
寄与率	30.643	13.557	13.018

資料5 コーディネート環境・システムに関する因子分析（現状）

質問項目	抽出因子 I	抽出因子 II
コーディネートサービスシステム（現状 $\alpha = .79$）		
2-45. コーディネート業務のICT化（電子化）を図る	.821	.178
2-50. コーディネートの手引き・ガイドラインがある	.723	.212
2-51. 利用者がコーディネート事業を評価する	.661	.188
2-43. ケース記録を電子化し、蓄積（データベース化）する	.606	.239
2-4. 利用者と契約を交わすための様式がある	.469	.130
市区町としてのコーディネートサービス提供に関する取組（現状 $\alpha = .83$）		
2-15. 子育て支援に関連する法改正に組織として対応する	.255	.792
2-12. 市区町が子育て支援事業に積極的に取り組む	.189	.770
2-13. 行政の縦割（例えば、福祉関係の課と教育関係の課など）によって子育て支援事業を分断しないようにする	.217	.735
寄与率	29.073	27.360

資料6 コーディネーターに求められる「力量」に関する因子分析（現状）

質問項目	抽出因子 I	抽出因子 II
人を援助する基本的姿勢を維持する力（α = .97）		
1-64. 利用者を個人として尊重する	.919	.049
1-57. 人を思いやる気持ち（コンパッション）を持つことができる	.886	.192
1-54. 利用者と信頼関係を結ぶことができる	.883	.135
1-52. 利用者に対してあたたかく接することができる	.871	.145
1-78. 謙虚である	.870	.081
1-65. 利用者が感情表現をしやすい雰囲気づくりをする	.862	.187
1-53. 利用者に対して誠実である	.861	.113
1-74. 子育てや子育て支援を尊重する姿勢を示す	.858	.154
1-58. 組織のルールに従って行動できる（コンプライアンス）	.856	.163
1-72. 子どもの権利を尊重する	.839	.247
1-51. 利用者に対して共感できる	.830	.198
1-60. 親の視点に立って支援することができる	.826	.208
1-66. 自分（コーディネーター）の感情の働きをよく自覚したうえで適切に表現する	.802	.187
1-67. 利用者をあるがままに受け止める	.791	.137
1-77. 情報管理に責任をもつ	.769	.126
1-79. 地域の特性を把握する	.722	.191
1-69. 利用者の行いや考えについて善悪の判断をしない	.719	.053
1-63. サービスをわかりやすく説明できる	.666	.227
1-68. 利用者の秘密を守る	.649	.061
1-40. 一般常識を持っている	.621	.285
ケースマネジメント援助技術（α = .94）		
1-7. 児童相談所と協働する	-.060	.780
1-14. 虐待ケースについて緊急性の判断をする	.107	.739
1-8. 警察と協働する	-.079	.735
1-11. 教育系部署と協働する	-.126	.734
1-16. 家庭の生活状況について緊急性の判断をする	.191	.733
1-21. 利用者のニーズに対する利用可能な家族・親戚・友人などの私的なサポートを把握する	.233	.724
1-29. 必要な場合は利用者と一緒にサービスの申請に出向く	.111	.717
1-5. 学校と協働する	-.027	.713
1-32. 家族・親戚・友人などの利用者の私的な資源に働きかける	.174	.687
1-9. 障害関係部署と協働する	.179	.684
1-27. 利用者の潜在的にもつ力を高めることができるような計画をたてる	.244	.678
1-6. 民生児童委員、主任児童委員と協働する	.048	.668
1-24. 利用者の予算に見合ったサービス計画をたてる	.218	.663
1-30. 必要な場合は利用者に代わってサービスの申請をする	.117	.662
1-91. 他専門職に対して助言をする	.243	.635
1-2. 医療機関と協働する	.237	.623
1-20. 利用者が潜在的にもっている力を把握する	.283	.623
1-17. コーディネートについて説明する	.253	.586
1-87. コーディネートに関わる関係機関での検討会議に出席する	.258	.584
1-10. 保育系部署と協働する	.114	.582
1-3. 保育所と協働する	.237	.551
1-12. 医療保健部署と協働する	.055	.499
1-18. 書面または口頭で利用者と契約をする	.163	.459
1-88. 連携機関のスタッフと飲み会などの非公式な交流の場をもつ	.118	.437
寄与率	31.517	24.479

無断転載不可

資料7 コーディネーターに求められる「力量」に関する因子分析（考え）

質問項目	抽出因子 I	抽出因子 II
人を援助する基本的姿勢を維持する力（$\alpha = .97$）		
1-53. 利用者に対して誠実である	.866	.104
1-52. 利用者に対してあたたかく接することができる	.848	.108
1-57. 人を思いやる気持ち（コンパッション）を持つことができる	.844	.163
1-66. 自分（コーディネーター）の感情の働きをよく自覚したうえで適切に表現する	.829	.231
1-54. 利用者と信頼関係を結ぶことができる	.822	.116
1-64. 利用者を個人として尊重する	.818	.233
1-59. 個別のケースにあわせて適切な距離を保つことができる	.815	.193
1-72. 子どもの権利を尊重する	.812	.260
1-60. 親の視点に立って支援することができる	.802	.157
1-58. 組織のルールに従って行動できる（コンプライアンス）	.792	.128
1-79. 地域の特性を把握する	.782	.278
1-55. ケースにあわせて柔軟な対応ができる	.780	.199
1-51. 利用者に対して共感できる	.774	.106
1-67. 利用者をあるがままに受け止める	.771	.194
1-65. 利用者が感情表現をしやすい雰囲気づくりをする	.733	.283
1-71. コーディネートを行う際に倫理的配慮をする	.732	.267
1-74. 子育てや子育て支援を尊重する姿勢を示す	.715	.247
1-77. 情報管理に責任をもつ	.683	.189
1-69. 利用者の行いや考えについて善悪の判断をしない	.677	.164
1-40. 一般常識を持っている	.654	.286
1-56. 事務処理ができる	.642	.274
1-68. 利用者の秘密を守る	.586	.103
1-33. 子育ての悩みについて相談に応じて助言をする	.522	.231
1-61. パソコンの基本的な操作ができる	.508	.259
ケースマネジメント援助技術（$\alpha = .93$）		
1-32. 家族・親戚・友人などの利用者の私的な資源に働きかける	.017	.766
1-8. 警察と協働する	.074	.750
1-29. 必要な場合は利用者と一緒にサービスの申請に出向く	.169	.745
1-21. 利用者のニーズに対する利用可能な家族・親戚・友人などの私的なサポートを把握する	.103	.738
1-11. 教育系部署と協働する	.176	.694
1-5. 学校と協働する	-.036	.681
1-30. 必要な場合は利用者に代わってサービスの申請をする	.164	.676
1-20. 利用者が潜在的にもっている力を把握する	.250	.669
1-24. 利用者の予算に見合ったサービス計画をたてる	.077	.659
1-27. 利用者の潜在的にもつ力を高めることができるような計画をたてる	.180	.646
1-7. 児童相談所と協働する	.108	.637
1-23. どの子育て支援サービスにつなげるか援助計画をたてる	.223	.620
1-16. 家庭の生活状況について緊急性の判断をする	.279	.596
1-9. 障害関係部署と協働する	.271	.571
1-3. 保育所と協働する	.272	.550
1-91. 他専門職に対して助言をする	.154	.547
1-4. 幼稚園と協働する	.210	.543
1-6. 民生児童委員、主任児童委員と協働する	.202	.526
1-2. 医療機関と協働する	.232	.489
1-18. 書面または口頭で利用者と契約をする	.196	.476
1-35. 利用者の生活全般の幅広い悩みについて相談に応じて助言をする	.234	.457
1-34. 夫婦関係の悩みについて相談に応じて助言をする	.212	.347
1-88. 連携機関のスタッフと飲み会などの非公式な交流の場をもつ	.079	.324
寄与率	30.306	20.293

資料8 「コーディネーターに求められる力量」、「コーディネート環境・システム」（現状）の要因と従属変数の重回帰分析（強制投入法）

	非標準化係数		標準化係数	t 値	
	b	標準誤差	β		
人を援助する基本的な姿勢を維持する力	0.149	0.052	0.167	2.887	$p<.01$
他機関・他部署と協働する力	0.214	0.043	0.228	4.978	$p<.01$
市区町としてのコーディネートサービス提供に関する取組	0.211	0.049	0.251	4.330	$p<.01$

$F(3,429)=55.436$　$p<.01$　　調整済み $R^2=.274$

資料9 「コーディネーターに求められる力量」（現状）の要因と従属変数の重回帰分析（強制投入法）

	非標準化係数		標準化係数	t 値	
	b	標準誤差	β		
人を援助する基本的な姿勢を維持する力	0.406	0.083	0.346	4.917	$p<.01$
ケースマネジメント援助技術	0.294	0.066	0.312	4.431	$p<.01$

$F(2,162)=33.48$　$p<.01$　　調整済み $R^2=.284$

索　引

あ行

ICT　*53*
　　——の活用　*61*
　　——リテラシー　*140*
アセスメント　*149, 150, 157*
アセット　*101, 150, 159*
医学モデル　*40, 44*
一元配置分散分析　*117, 118*
因子構造　*110, 111, 112*
受付記録　*148, 154*
M-D&D　*63*
援助計画　*151, 163*
援助プロセス　*101, 151*
援助方針　*164*
エンゼルプラン　*10*
エンパワーメント　*47*
岡村重夫　*48*
岡村理論　*47*
オペラント理論　*72*

か行

回収率　*87, 88*
回答者の属性　*90, 96*
開発グループ　*123, 124, 142, 144*
開発する道具　*125*
開発的機能　*50*
開発の手順　*124, 144*
柏女霊峰　*11*
カスタマイズ　*65*
課題中心アプローチ　*45, 57*
家庭内のニーズ　*150, 161*
カテゴリー　*79*
　　——化　*78, 79*
間隔尺度　*81*
キーワードから探す　*132*
記述統計　*86*
機能主義　*45*

基本情報　*148, 154*
基本設計　*152*
キャリア　*97*
強制投入法　*114, 115*
居宅子育て支援事業　*26*
緊急保育対策等5か年計画　*10*
クラスカルウォリス検定　*118*
経済的ニーズ　*150, 161*
ケースマネジメント　*3, 23, 24, 28, 170*
　　——援助技術　*112*
研究グループ　*123, 124, 138, 142, 143*
研究と実践の乖離　*5*
検索結果　*133, 134*
検索方法　*128*
限定的実践モデル　*59*
限定的実践理論　*56*
合計特殊出生率　*1, 9, 10, 19*
コーディネーション　*28*
コーディネーター　*30*
　　——の人材確保　*105*
　　——の専門性　*108*
　　——の労働環境　*108*
　　——用　*77*
　　——用セット　*85*
コーディネートする力　*103, 108*
コーディネートを円滑に行うために必要な環境　*104, 108*
子育てガイド　*128*
子育て環境　*91, 99*
子育てコンシェルジュ　*3, 66, 170, 173*
子育て支援コーディネーター　*35, 89*
子育て支援コーディネート　*3, 20, 21, 36, 51*
子育て支援コーディネート・ナビ・システム　*6, 52, 141, 148, 151, 154*
子育て支援総合コーディネーター　*23, 31, 77, 78*
子育て支援総合コーディネート事業　*2, 21,*

22, 77, 92, 169
　子育て支援総合コーディネートの実態調査
　　　75
　子育て支援総合推進モデル市町村事業　26
　子育て支援担当部局職員　77
　子育て支援データベース・ナビ・システム
　　　6, 127, 137
　子育て総合支援コーディネーター　30, 31
　子育て相談支援事業　26
　子育て短期預かり支援事業　26
　国庫補助事業　25
　子ども・子育て応援プラン　16
　子ども・子育て会議　34
　子ども・子育て関連3法　18, 32, 34
　子ども・子育て支援　19
　　　——法　18, 20, 35, 36
　　　——法第59条の1　35
　子ども・子育て支援法及び就学前の子どもに
　　　関する教育、保育等の総合的な提供の推進
　　　に関する法律の一部を改正する法律の施行
　　　に伴う関係法律の整備等に関する法律　18
　子ども・子育て新システム　18, 32, 33, 34
　　　——検討会議　32
　　　——に関する中間とりまとめについて　32,
　　　33
　子ども・子育てビジョン　17, 29
　「子どもと家族を応援するに日本」重点戦略
　　　16
　子どもの発達のニーズ　150, 162
　子どものプロフィール　156
　コンパッション　41

さ行

　サービス一覧　133
　サービス資源　151
　サービスを探す　129
　里親支援専門相談員　4
　資格・免許　119, 120
　事業評価　82
　事業利用履歴　134

　市区町担当者用　77
　　　——セット　85
　資源DB　166
　試行結果　138
　次世代育成支援行動計画　2, 94, 126
　次世代育成支援人材養成事業　29, 30
　次世代育成支援対策推進法　10, 12, 13, 14
　施設から探す　132
　実施施設　135, 136
　実施主体　94
　実践マニュアル　59, 141
　実践モデル　55, 58
　実践モデルシステム　58, 59
　実践理論システム　55, 57
　質問紙　85
　　　——調査　85
　児童福祉法第21条の11　36, 84
　児童福祉法の一部改正（2003（平成15）年）
　　　15, 21, 27
　児童福祉法等の一部改正（2008（平成20）年）
　　　17
　絞り込み選択　132
　ジャーメインとギターマン　40
　社会関係　48
　　　——の欠陥　49
　　　——の欠損　49
　　　——の不調和　49
　社会福祉士　23, 25, 97
　社会保障・税一体改革　32, 33
　社会保障審議会児童部会　25
　社会保障審議会少子化対策特別部会　27, 29
　重回帰分析　110, 114, 115, 116
　就学前の子どもに関する教育、保育等の総合
　　　的な提供の推進に関する法律の一部を改正
　　　する法律　18
　従属変数　78, 82, 114, 115, 116
　10件法　81
　守秘義務　84
　順序尺度　81
　少子化　1, 9

索　引　229

　　──社会対策会議　*16*
　　──社会対策基本法　*14, 15*
　　──社会対策大綱　*15, 16*
　　──対策　*11, 13*
　　──の原因　*10*
情報管理の徹底　*139*
情報抽出・整理グループ　*123, 124, 142, 144*
情報提供　*28*
新エンゼルプラン　*11*
人口規模　*89*
人口置換水準　*1*
診断主義　*44*
スペクトとコニー　*47*
スモーリー　*44*
生活モデル　*40*
送致的機能　*50*
ソーシャルワーカーの役割　*43*
ソーシャルワーク　*24, 79*
　　──援助技術　*80, 101, 108, 120*
　　──実践モデル　*5*
　　──のエッセンス　*39, 40*
属性　*82*

た行

大項目から探す　*129*
叩き台の試行　*136*
叩き台の評価　*136*
多変量解析　*86, 109*
多様な役割　*46*
探索的因子分析　*109, 110, 111, 112*
地域子育て支援拠点事業(拠点事業)　*137, 151*
　　──センター型　*137*
　　──ひろば型　*137*
地域子育て支援センター事業　*22*
地域の子育て支援拠点　*35*
地域の子ども・子育て支援　*20*
調整的機能　*50*
治療の役割　*44*
DR&U　*62*
D&D　*62*

データベース　*127*
デザイン　*62*
統計・メンテナンス　*166*
トーマス　*62*
独立変数　*78, 81, 114, 115, 116*

な行

内的一貫性　*110, 111, 112*
ナビ　*127, 166*
ナビの検索　*166*
ニーズ　*158*
にしのみや子育てガイド　*125, 126, 128, 129*
西宮市子育て総合センター　*126, 137*
西宮市版子育てコンシェルジュ用子育て支援
　データベース・ナビ・システム　*127*

は行

パールマン　*45*
ハドソン　*149*
PEIM　*47, 50, 170*
人と環境のインターフェース　*48*
評価的機能　*50*
フェーズⅠ　問題の把握と分析　*64, 75*
フェーズⅡ　叩き台のデザイン　*64, 70, 122, 142*
フェーズⅢ　試行・評価・改良　*64, 69, 136*
フェーズⅣ　宣伝・普及　*65*
ブライアー　*46*
ブレインストーミング　*76, 77*
フローチャート　*151*
プロセティック　*72*
　　──手続き　*72*
プロテクション　*41*
保育士　*97*
保育所地域子育てモデル事業　*22*
包括的実践モデル　*59*
包括的実践理論　*56*
包括的ニーズアセスメント　*149, 158*
保護者のニーズ　*150, 159, 161*
保護者の日常生活満足度アセスメント　*158*

保護者のプロフィール　156
保護者の養育態度アセスメント　157
保護的機能　50
ホリス　40, 44

ま行

マイ保育園制度　89
マンホイットニー検定　118
メモ欄・利用履歴　139
モジュール化　65

や行

山縣文治　11
友愛訪問員　44
ユーザーフレンドリー　125, 136
ユビキタス　173

幼稚園教員　97
幼保一体化　19

ら行

リードとエプシュタイン　57
リッチモンド　39, 44
リテラシー研修　140
利用援助　24
倫理的配慮　84, 86
レスポンシビリティ　42
ロスマン　62
ロバーツとニー　45

わ行

Wi-Fi 環境　137

謝辞

　本書は、日本学術振興会科学研究費助成事業による基盤研究（B）22330178『ソーシャルワークとしての「子育て支援総合コーディネート」実践モデルの開発的研究』（主任研究者　芝野松次郎）の成果をまとめたものである。

　本書で示した子育てコンシェルジュのための子育て支援コーディネート実践モデルの研究開発のプロセスでは、多くの方々の協力をいただいた。

　実態調査のためのブレインストーミングやヒアリングにご協力いただいた橋本真紀氏（関西学院大学教育学部）、中島尚美氏（関西学院大学子どもセンター）、北田晋一氏（西宮市こども部）、福本洋子氏には、多忙にもかかわらず貴重な時間を割いていただき、示唆に富む意見を多く頂戴した。心より感謝申し上げたい。また、実態調査に協力いただいた全国市区町の子育て支援担当部局の方々、そして、子育て支援コーディネーターの方々には、日々の業務を押して、時間を要する質問紙に回答いただいた。衷心より感謝申し上げる。

　西宮市こども部の職員の方々には、長期に渡って、子育て支援データ・ベース・ナビ・システムおよび子育て支援コーディネート・ナビ・システムの作成に協力いただいた。とくに子育て総合センターの河内紀子氏、堤下康子氏には大変な負担をおかけすることとなった。こうした協力がなければ、本研究の目的を果たし得なかったであろう。拝謝申し上げたい。

　また、関西学院大学出版会の田中直哉氏には限られた時間の中で本書の出版に尽力いただいた。感謝申し上げる。

　最後に、本開発研究のプロセスを見守り、貴重な示唆を与えていただいた厚生労働省雇用均等・児童家庭局総務課虐待防止対策室の方々に心より感謝申し上げたい。

著者略歴

芝野松次郎（しばのまつじろう）
現職
関西学院大学　人間福祉学部　教授
最終学歴
シカゴ大学　社会福祉行政大学院　Ph. D.
著書・論文
共編著『社会福祉学への展望』相川書店　2012 年
共編著『児童や家庭に対する支援と子ども家庭福祉制度』ミネルヴァ書房　2009 年
単著『社会福祉実践モデル開発の理論と実践　プロセティック・アプローチに基づく実践モデルのデザイン・アンド・ディベロップメント』有斐閣　2002 年
ほか

小野セレスタ摩耶（おのせれすたまや）
現職
滋慶医療科学大学院大学　医療管理学研究科　専任講師
最終学歴
関西学院大学大学院　人間福祉研究科　博士（人間福祉）
著書・論文
単著『次世代育成支援行動計画の総合的評価　住民参加を重視した新しい評価手法の試み』関西学院大学出版会　2011 年
共著『児童や家庭に対する支援と子ども家庭福祉制度』ミネルヴァ書房　2009 年
ほか

平田祐子（ひらたゆうこ）
現職
関西学院大学大学院　人間福祉研究科　奨励研究員
最終学歴
関西学院大学大学院　人間福祉研究科　博士（人間福祉）
著書・論文
単著「育児ストレスへのコーピングスタイルから見られる母親の認知するソーシャ

ルサポートニーズ——母親が使用するコーピング方略タイプとその種類数に着目して——」『子ども家庭福祉学』10号　2011年

共著「子育て支援総合コーディネーターに必要な「力量」に関する研究」『子ども家庭福祉学』12号　2012年

ほか

開発協力者
荒牧菜実（あらまきなみ）
　　株式会社タンバリンプロデューサーズ　代表取締役社長

勝部晶子（かつべあきこ）
　　株式会社タンバリンプロデューサーズ　こども家庭研究室

執筆分担
芝野松次郎
　　はじめに
　　第2章
　　第3章
　　第5章：第1項
　　第6章：第1項
　　まとめに換えて

小野セレスタ摩耶
　　第1章：第1項
　　第4章：第3項第1節（4）
　　第5章：第2項　第3項　第4項
　　第6章：第2項　第3項

平田祐子
　　第1章：第2項
　　第4章：第1項　第2項　第3項第1節（1）（2）（3）・第2節

ソーシャルワークとしての子育て支援コーディネート
－子育てコンシェルジュのための実践モデル開発－

2013 年 3 月 30 日初版第一刷発行

著　者	芝野松次郎・小野セレスタ摩耶・平田祐子
発行者	田中きく代
発行所	関西学院大学出版会
所在地	〒662-0891 兵庫県西宮市上ケ原一番町 1-155
電　話	0798-53-7002
印　刷	協和印刷株式会社

Ⓒ2013 Matsujiro Shibano, Maya Shrestha Ono, Yuko Hirata
Printed in Japan by Kwansei Gakuin University Press
ISBN 978-4-86283-135-4
乱丁・落丁本はお取り替えいたします。
本書の全部または一部を無断で複写・複製することを禁じます。
http://www.kwansei.ac.jp/press